Intangibles Management

企業価値創造のための
インタンジブルズ・マネジメント

梅田　宙 ［著］
Hiroshi Umeda

専修大学出版局

はしがき

　本書は『企業価値創造のためのインタンジブルズ・マネジメント』と題して，企業価値を創造するためにインタンジブルズをいかにマネジメントすべきかを明らかにすることを目的に執筆した。一般的にインタンジブルズは目に見えず，触れることができないものである。

　今日の企業を取り巻く経営環境を見ると，グローバル競争の激化や技術革新が著しい中で持続的な成長を続けていく必要がある。グローバル競争においては新興国の台頭が著しく，人件費を低く押さえることにより低コストで製品が製造できるようになった。納期や品質を一定とすれば，より安く製品を製造できる企業のほうが競争力は高い。また，技術革新によって，これまでとは異なる業種が競合他社となるケースがみられるようになった。つまり，既存の延長線上だけで経営を行っていても付加価値を生み出しにくくなっている。

　各企業は独自に策定した戦略を実行し，他社とは異なった方法で価値を生み出していく必要がある。戦略実行のために有形資産への投資はもちろん重要であるが，それにも増して資産をどのように活用していくのかが重要である。活用にあたっては，価値を生み出すように人の能力や知識といったインタンジブルズを戦略によって方向づける必要がある。このように，企業価値創造の源泉が機械や建物といった有形資産から知識や情報といったインタンジブルズに移行していると筆者は考えている。

　人の能力や文化といった目に見えず，触れることができないインタンジブ

iii

ルズをどのように管理すればよいのであろうか。インタンジブルズの重要性を認識し，管理するための方法論を構築した研究者の中に Kaplan and Norton がいる。彼らは価値創造プロセスを可視化するためにバランスト・スコアカード（balanced scorecard：BSC）を提案した。BSC によってインタンジブルズへの投資が，どのような因果関係を経て企業価値向上に繋がるのかを可視化することができるようになった。さらに，レディネス評価という手法を通じてインタンジブルズの測定方法にまで言及している。

　一方，BSC の国内での導入率は高くなく，インタンジブルズのマネジメントが具体的にどのようになされているのかという研究も十分でない。今後も日本企業の強みである QCD（quality, cost delivery）を追求すると同時に，企業が独自に策定した戦略を実現するために，インタンジブルズのマネジメントが重要となる。そのためには，インタンジブルズをマネジメントする際に活用するシステムのフレームワーク，運用方法や実践を明らかにする必要がある。

　以上のような問題意識をもとに，本書ではインタンジブルズをいかにマネジメントすべきかについて，文献研究とケーススタディを通じて明らかにすることを試みた。研究書ではあるが，本研究はリサーチサイトのインタンジブルズ・マネジメントの実践についても検討を行っている。管理会計研究者はもちろん，実務家の方々にも参考になれば幸いである。

謝辞

　本書は，専修大学に提出した博士論文がもとになっている。本書が完成に至ったのは研究活動を支えてくださった多くの方々からのご指導とご教授の賜物である。指導教授の伊藤和憲先生には学部の 1 年次から今日に至るまで公私に渡って言葉では言い尽くせないほどお世話になった。先生との出会いがなければ，現在の職業につくこともなかっただろう。本研究が完成したこ

はしがき

とに甘んじることなく，これまで教えていただいたことを守りながら，精進していきたい。

副査をご担当頂いた専修大学商学部の建部宏明先生と谷守正行先生をはじめ，専修大学大学院の先生方からは中間報告の際などに，非常に有意義なご指摘を数多く頂いた。特に建部宏明先生には，博士後期課程1年次に論文の書き方から学会報告の準備に至るまで懇切丁寧にご指導いただいた。厚く御礼申し上げる。

玉川大学の小酒井正和先生が主宰する玉川研究会では，多くの先生方から非常に有益ご助言をいただいた。参加メンバーは，青木章通教授（専修大学），新江孝教授（日本大学），伊藤武志氏（株式会社価値共創），岩田弘尚教授（専修大学），岩渕昭子教授（東京経営短期大学），内山哲彦教授（千葉大学），大西淳也審議官（総務省），奥倫陽准教授（東京国際大学），木内正光（城西大学），関谷浩行准教授（北海学園大学），田坂公教授（福岡大学），長屋信義教授（産業能率大学），松村広志准教授（東京農業大学），山田義照准教授（玉川大学）である。研究会では筆者が大学院在籍時より，さまざまな観点からご意見をいただくとともに励ましのお言葉を頂戴した。ご指導いただいた皆様に深く感謝申し上げる。

伊藤和憲先生が主宰する研究会では，櫻井通晴先生から直接ご意見を賜る機会を頂戴した。また，明治大学の﨑章浩先生主宰の管理会計普及研究会に参加させていただいた際には，研究に対するアイデアをいただいた。深く感謝申し上げる。

本研究では，リサーチサイトである海老名総合病院の事例をふんだんに取り入れている。職員の方々の温かい協力がなければ本研究が完成することはなかった。内山喜一郎先生，経営企画室の高野洋様をはじめ，すべての病院職員の皆様にこの場をかりてお礼を申し上げる。

共に伊藤和憲先生のゼミで学んだ西原利昭さんにも感謝を述べたい。大学院在籍時に西原さんと共に研究に励めたことは，筆者にとって大きな財産で

あった。改めて感謝申し上げる。

　多くの方々に支えられて完成させることができた本書であるが，筆者の研究活動を辛抱強く見守り，支え続けてくれている家族に感謝したい。

　なお，本書は平成 29 年度専修大学課程博士論文刊行助成を受けて刊行されたものである。専修大学出版局の真下恵美子氏には出版にあたって編集や校正など大変お世話になった。深く感謝申し上げる。また，ご尽力いただいた大学関係者のみなさまに，心より感謝申し上げる。

　　2018 年 2 月

梅田　宙

目　次

はしがき　　iii

序章　本研究の目的とフレームワーク ……………………………… 1

はじめに　　1

1　企業価値とは　　3

2　会計におけるインタンジブルズの扱い　　5

　2.1　財務会計におけるインタンジブルズの扱い　　5

　2.2　管理会計におけるインタンジブルズの扱い　　7

3　インタンジブルズのマネジメントと研究課題　　8

　3.1　インタンジブルズの複合的活用　　8

　3.2　インタンジブルズのマネジメント　　9

　3.3　インタンジブルズのマネジメントの研究課題　　13

4　研究のフレームワーク　　18

5　研究手法　　20

まとめ　　22

参考文献　　24

第1章　インタンジブルズ研究の変遷と方向性 ……………………… 29

はじめに　　29

1　インタンジブルズとは何か　　31

vii

2 インタンジブルズ研究の変遷　33

　　2.1　インタンジブルズ研究の推移　34

　　2.2　インタンジブルズの伝統的研究と先進的研究　38

　　2.3　インタンジブルズ研究に関わる3つのステージ　42

3 インタンジブルズ研究の対象　45

　　3.1　Dumay（2014）の研究　45

　　3.2　伊藤（2014）の研究　46

　　3.3　本研究で整理したインタンジブルズ研究の対象　48

まとめ　51

参考文献　53

第2章　マネジメント・システムの統合度に関する研究
―海老名総合病院看護部を対象とした実証研究― ………………57

はじめに　57

1 リサーチサイトにおけるマネジメント・システムの統合度　59

2 統合型マネジメント・システムの意義と下位組織への戦略浸透　60

　　2.1　統合型マネジメント・システムの先行研究　60

　　2.2　下位組織への戦略浸透　62

3 マネジメント・システムの結合度に関する実証分析　64

4 部署レベルでみた戦略の浸透度と戦略修正の理解度　69

　　4.1　戦略修正の理解度に影響を与える要素　70

　　4.2　インタビュー調査の概要と手術室の概要　73

　　4.3　帰属意識と他部署との関係性による価値観変革　74

まとめ　75

参考文献　76

viii

目 次

第3章 戦略の策定と形成
─インタンジブルズに基づく考察─ ……………………………… 79

はじめに　79

1　戦略研究のフレームワーク　80

2　戦略論研究の概要　82

　2.1　多角化戦略　82

　2.2　ポジショニング戦略　85

　2.3　コア・コンピタンスとケイパビリティ　88

　2.4　資源ベースの戦略論　90

　2.5　ゲーム論的アプローチ　92

　2.6　創発戦略　95

3　インタンジブルズからみた戦略論の再考　96

　3.1　インタンジブルズと多角化戦略　97

　3.2　インタンジブルズとポジショニング戦略　98

　3.3　インタンジブルズと資源ベースの戦略論　100

　3.4　インタンジブルズと創発戦略　101

4　戦略的マネジメント・システムとインタンジブルズ　103

　4.1　インタンジブルズの測定手法　104

　4.2　インタンジブルズと戦略の関係　105

　4.3　アネルギーと戦略　106

まとめ　108

参考文献　110

第4章　戦略のカスケードによるインタンジブルズの構築 …… 113

はじめに　113

ix

1 カスケードに対する問題提起と研究課題　114

2 人的資産構築のためのカスケードと価値観変革　115

   2.1 カスケードによる人的資産の構築　115

   2.2 クリニカルラダーによる習熟度評価　118

   2.3 価値観変革の意義　121

3 海老名総合病院のカスケード事例　122

   3.1 海老名総合病院と総合外来・手術室の概要　123

   3.2 総合外来のカスケードの事例と成果　126

   3.3 手術室のカスケードの事例と成果　128

4 戦略のカスケードを通じたインタンジブルズの構築　130

   4.1 総合外来のインタンジブルズの構築　130

   4.2 手術室のインタンジブルズの構築　133

   4.3 現場実践による価値観変革　137

まとめ　139

参考文献　141

第5章　インタンジブルズのマネジメントと戦略の修正　………143

はじめに　143

1 統合型マネジメント・システムと戦略修正の課題　144

2 コントロール・システムと戦略の実行主体　146

   2.1 戦略修正の先行研究　146

   2.2 診断的コントロールとインターラクティブコントロールの意義　148

   2.3 戦略目標のオーナーと病院委員会の役割　150

3 海老名総合病院の業務活動の修正と戦略修正　151

   3.1 海老名総合病院のBSC活用による成果　151

   3.2 業務活動の修正を行う診断的コントロールの実態　153

目　次

　　3.3　戦略修正の基礎となるインターラクティブコントロールの実態　154

　　3.4　戦略の修正とインタンジブルズのマネジメント　157

　　3.5　戦略の修正を行わない達成済みの戦略目標　158

4　達成済みの戦略目標への対応　161

　　4.1　現状を修正する案　161

　　4.2　戦略マップを毎年構築する案　163

　　4.3　戦略目標を削除しない案　164

まとめ　165

参考文献　167

第6章　インタンジブルズの負の側面の影響と管理 ……………… 169

はじめに　169

1　インタンジブルズの負の側面に対する問題提起　170

2　戦略課題に応じたインタンジブルズのマネジメント　171

3　インタンジブルズの負の側面の先行研究　173

　　3.1　知的負債とインタンジブルズの負の側面　173

　　3.2　インタンジブルズの負の側面の定義　175

　　3.3　レピュテーション毀損に関わるインタンジブルズの負の側面の事例　176

　　3.4　レピュテーション毀損に関わる負の側面のマネジメント　178

4　戦略のパラドックスとしてのインタンジブルズの負の側面　182

　　4.1　戦略のパラドックスとしてのインタンジブルズの負の側面の事例　182

　　4.2　戦略のパラドックスとしてのインタンジブルズの負の側面への対応　184

まとめ　187

参考文献　189

xi

終章　インタンジブルズのマネジメントに向けて ……………… 191

はじめに　191

1　統合型マネジメント・システムのフレームワーク　　192

2　インタンジブルズ研究の変遷と研究対象　　193

3　価値創造のためのインタンジブルズ・マネジメント　　194

4　インタンジブルズの負の側面のマネジメントと対応　　197

5　企業価値創造のためのインタンジブルズ・マネジメント　　199

まとめ　201

索引　　203

序章
本研究の目的とフレームワーク

はじめに

　本書における研究の目的は，企業価値創造のために，インタンジブルズを
いかにマネジメントすべきかを明らかにすることである。企業価値創造にお
けるインタンジブルズの重要性が指摘されている現代社会において，インタ
ンジブルズのマネジメントのあるべき姿を探求する必要がある。

　図表序.1は，国内総生産（GDP）に対するインタンジブルズと物的資産
に投資を行った割合を国別に示した図である。左から4番目が日本の投資額
を示したグラフである。図表序.1をみると，日本は他国と比較してGDPに
対するインタンジブルズへの投資の割合が大きいことがわかる。インタンジ
ブルズに対する投資が増大するにつれて，インタンジブルズのマネジメント
を考える必要性が高まるものと考えられる。

　今日，経済の成長は主にインタンジブルズにより推進されるという主張も
散見される（Cabrita and Vaz, 2005；Malik and Malik, 2008；Volkov and
Garanina, 2008）。インタンジブルズの重要性が増加した背景として，製造
業中心の社会から知識中心の社会への変化があげられる。もの作りが中心の
工業社会では，材料，製品，あるいは設備といった貸借対照表に計上される
有形資産により企業価値が構築されてきた。しかし，今日では情報や知識と
いった目に見えないものの価値が重要視されるようになった。このような知

1

図表序.1　GDP 対インタンジブルズと物的資産への投資割合

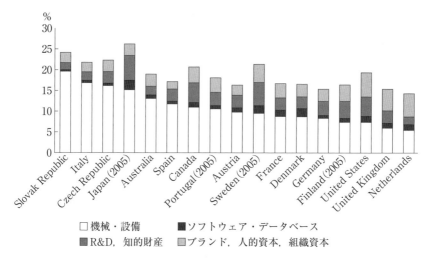

出典：OECD Innovation Strategy (2010, p. 22)。

識中心の社会では，有形資産よりインタンジブルズによって企業価値が構築される（伊藤，2012）。

それでは，インタンジブルズをどのように捉えればよいのであろうか。図表序.1で示したOECD（2010）に限らず，ハードデータでインタンジブルズを捉えるには，多くの仮定を置かざるをえない。たとえば，図表序.1には，R&D，知的財産，ソフトウェア，データベース，ブランド，人員や組織に対する投資をインタンジブルズとして捉えている。

会計学では，インタンジブルズを企業にとっての超過収益力の源泉であるとする考え方がとられてきた。櫻井（2012b）は，会計学における超過収益力の扱いをのれん，知的財産，インタンジブルズという変遷であると捉えた（櫻井，2012b, pp. 2-3）。このうち，買入のれんや知的財産は貸借対照表にオンバランスできるが，インタンジブルズはオンバランスが難しい。また，

伊藤・加賀谷（2001）は，株式時価総額に有利子負債を足したものから貸借対照表価額を差し引くことで，インタンジブルズの測定を試みた。

インタンジブルズの捉え方や測定方法についてさまざまな検討がなされているが，インタンジブルズの定義は研究者によりさまざま存在し，また，組織文化や個人の能力のように貨幣による測定が困難な要素も多く存在する。貨幣評価のみを用いてインタンジブルズを測定するには一定の限界がある。貨幣だけを用いた財務的な評価が難しいため，インタンジブルズの測定は困難であると考えられている。測定の難しさに加えて，インタンジブルズをいかにマネジメントしていくのかという研究も十分になされていない。日本が今後も世界と競争していくためにも，インタンジブルズのマネジメントを通じた競争力の向上が課題であると考えられる。

本章の構成は以下のとおりである。第1節では，本研究が依拠する企業価値観を明らかにする。第2節では，インタンジブルズに関する会計上の取り組みを明らかにする。第3節では，インタンジブルズのマネジメント手法と課題を整理する。第4節では，本研究のフレームワークを提示する。第5節では，本研究を進めるうえでの研究手法を明らかにする。最後に本章をまとめる。

1　企業価値とは

企業価値に対する考えには多様な見解がある。本節では，企業価値を経済価値と同義とする見解，CSR（corporate social responsibility）活動を通じた経済価値を狙う共有価値（shared value）であるとする見解，企業価値を多面的に捉える見解を検討する。

第1の見解は，企業価値を経済価値と同義だと捉える考えである。すなわち，企業価値を主として将来キャッシュ・フローの割引現在価値と捉える。

割引将来キャッシュ・フローを用いて企業価値とすることが欧米の通説とされる（櫻井，2012a，p. 38）。経済価値を企業価値とする定義は株主価値の最大化に立脚したものである（伊藤，2013）。株主価値の最大化とは経済価値の最大化とも言い換えられる。企業の法的な所有者は株主であり，株主の利益を考えた経営は重要である。

　第2の見解は，Porter and Kramer によって提唱された共有価値という考えである。Porter and Kramer は企業の目的として経済価値のみを重視する見解に異議を唱えた。彼らは経済価値と社会価値を併せ持った価値観で，戦略的に将来の経済価値を狙う必要があるという共有価値を志向している（伊藤，2013）。Porter and Kramer（2011）が提案した共有価値とは，社会のニーズと課題への対処を通じて，社会価値の創造も含めたうえで，経済価値を追求することである。たとえば，ボトム・オブ・ピラミッド（bottom of the pyramid：BOP）のような貧困層をターゲットにしたビジネスは，社会のニーズと課題に対処した新たなビジネスチャンスとなる可能性がある。

　第3の見解は，特に日本の経営者を中心に考えられてきたものであり，企業価値を多面的に捉える考えである。櫻井は企業価値の概念として経済価値，社会価値以外に，組織価値の概念が重要であると主張した（櫻井，2012a，p. 40）。組織価値（organizational value）を向上するには，組織風土，経営者のリーダーシップ，従業員の仕事への熱意・チームワーク，倫理観，ビジョンと戦略の整合性の改善・改革などを高めることがあげられている（櫻井，2012a，p. 40）。日本の経営者に対して，企業価値は経済価値だけか，あるいは社会価値，組織価値も含まれるかを質問したアンケート調査によると，88％の企業が後者の立場をとっている（青木他，2009）。

　櫻井の主張に加えて，伊藤（2012）は企業価値の概念に顧客価値も含めるべきであると主張する。顧客の力が弱く，企業が寡占化されている場合は，顧客の商品購入の選択肢が狭まる。企業の関心は販売促進活動よりも，製品の生産をいかに効率的に行うのかに重点が置かれていた。効率性と有効性は

イコールの関係であった。しかし，現代は同種の製品を生産する企業間の競争が激しくなっている。また，インターネット等の通信技術の普及などにより顧客は企業や製品に関する情報の入手が容易になった。顧客ニーズも多様化しており，製品に対する要求も高いと考えられる。このように顧客価値を重視する必要性が高まっていると考えられる。

　企業価値には，経済価値に加え，顧客価値，社会価値，組織価値を含めたものであるとする主張が存在した。さらに，日本の経営者は企業価値を多元的に捉えている。本研究では，経営者に対して有用な情報提供を目的とする管理会計においても企業価値を経済的価値・顧客価値・社会価値・組織価値というように，包括的に捉えるべきであると考える。

2　会計におけるインタンジブルズの扱い

　本節では，財務会計と管理会計において，インタンジブルズがいかに扱われているのかを概観する。第1に，財務会計上のインタンジブルズの扱いを，第2に，管理会計上のインタンジブルズの扱いを述べる。

2.1　財務会計におけるインタンジブルズの扱い

　インタンジブルズの研究が本格的に開始されたのは，1990年代以降である。インタンジブルズに関連する研究は特定の分野というよりも，学際的になされてきた（Lev，2001；Dumay，2014）。インタンジブルズ研究が学際的であるという背景から，論者によってさまざまなインタンジブルズの定義が存在する。そのため，研究者や実務家の間で一般的に受け入れられたインタンジブルズの定義はいまだに存在しない（Blair and Wallman，2001；Kristandl and Bontis，2007；Volkov and Garanina，2008；Chan，2009；Eythymios et al., 2010)。

インタンジブルズに関する財務会計上の取り扱いを確認するために，財務会計で定められている無形資産の定義を確認する。ここでは，無形資産の会計基準が独立して定められている[1]国際会計基準を例示する。IAS 第 38 号において，無形資産は，物理的実体のない識別可能な非貨幣性資産と定義されている（IAS 第 38 号，8）。無形資産の範囲は，科学的または技術的知識，新工程または新システムの設計及び実施，免許，知的資産，市場知識および商標（ブランド名および出版表題を含む）とある（IAS 第 38 号，9）。また，事例としてコンピュータのソフトウェア，特許，著作権，顧客名簿，顧客または仕入先との関係，顧客の忠実性等が示されている（IAS 第 38 号，9）。ただし，上記の事例がすべて無形資産の定義を満たすわけではない。

会計学者の Blair and Wallman（2001）は，インタンジブルズを，①企業が所有し売却できる資産，②企業が支配できるが売却できない資産，③企業が全く支配できない資産の 3 つに分類した。櫻井（2012a）は，上記の Blair and Wallman に従い，インタンジブルズを「知的財産」，「オフバランスの無形資産」，「無形の資産」の 3 つに分類している（櫻井，2012a，p. 602）。知的財産は，特許や著作権といった法的に保護されているもので，貸借対照表上にオンバランスできる資産である。オフバランスの無形資産は，ブランドやレピュテーションのように企業が支配できるが貸借対照表上にオンバランスできない資産である。無形の資産はスキル，情報資産，価値観のように企業による支配が難しいものをいう。Blair and Wallman の分類に関して財務会計上オンバランスできるものは，第 1 の分類である知的財産である。

以上，財務会計の観点からインタンジブルズへのアプローチを検討した。財務会計でインタンジブルズを扱うには，測定の客観性や信頼性が必要となる。Blair and Wallman（2001）の分類のように，インタンジブルズの範囲

---

1) 無形資産に対する定義はわが国では独立してなされていない（企業会計基準委員会，2009）。

序章　本研究の目的とフレームワーク

が拡張するに従って，オンバランスできなくなり，インタンジブルズの貨幣による測定が困難であると考えられる。

2.2　管理会計におけるインタンジブルズの扱い

次に管理会計におけるインタンジブルズを考察する。管理会計でインタンジブルズを資産として計上しようとするのは貸借対照表に計上しようとするからではなく，資産として認識すればマネジメントの有効性が増すからである（櫻井，2011，p.16）。つまり，管理会計上は財務会計のインタンジブルズの認識要件である信頼性や発生の蓋然性がインタンジブルズの管理の有無を決定する基準とはならない。企業買収を考えたとき，財務会計上では被買収企業の貸借対照表上に計上されていなかった進行中の研究開発費を資産として計上できる場合がある（IAS 第38号，34）。この基準は，財務会計上では金額の客観性や信頼性によりオンバランスの可否が決定する例である。

管理会計におけるインタンジブルズの捉え方は3つの見解に整理できる。第1の見解は，インタンジブルズのマネジメントは企業のビジネスプロセスを支援するために存在するという Kaplan and Norton の主張である（Kaplan and Norton, 2004, p.32）。第2の見解は，財務成果に結びつく非財務指標をインタンジブルズと捉えたうえで，非財務指標をマネジメントするという Ittner and Larcker（1995）の主張である。Ittner and Larcker は，財務業績と非財務的要素である TQM（total quality management）の実践との影響を調査した。Ittner and Larcker の主張は，財務業績に影響を与える非財務指標の結びつきを重視するという考えである。第3の見解は，インタンジブルズを財務業績に直接結びつくものだけでなく，非財務同士の結びつきを通じて，最終的に財務業績が向上するものと捉える伊藤（2012）の主張である。伊藤の見解では，非財務を向上させるための非財務指標もインタンジブルズと捉えるため，財務業績に結びつく因果関係の過程に存在するインタンジブ

7

ルズのマネジメントまで考慮できる。

　以上の３つの見解をまとめる。管理会計によるインタンジブルズ研究への
アプローチは，財務成果につなげるためのバリュー・ドライバーを扱うとい
う考えで共通している。一方，３つの見解は，どこまでをバリュー・ドライ
バーに含めるのかという相違がある。本研究では，バリュー・ドライバーの
範囲を最も広範にとらえている伊藤（2012）の主張に基づいて，インタンジ
ブルズを捉える。

3　インタンジブルズのマネジメントと研究課題

　本節では，インタンジブルズのマネジメントに活用できるバランスト・ス
コアカード（balanced scorecard：BSC）とインタンジブルズのマネジメン
トに関連する課題を述べる。第１に，インタンジブルズの性質としてインタ
ンジブルズを複合的に活用することで価値を生み出す点を明らかにする。第
２に，インタンジブルズのマネジメントのために活用されるBSCの概要に
ついて検討する。第３に，統合型マネジメント・システムの概要と統合型マ
ネジメント・システムに基づいてインタンジブルズのマネジメントを行うう
えでの課題を整理する。

3.1　インタンジブルズの複合的活用

　伊藤（2014）によると，今までのインタンジブルズのマネジメントの研究
は，いずれも個別の資産を対象にした研究であったという（伊藤, 2014, p. 135）。
人的資源の分野でも，「従来の人的資源の研究は人的資源単体を取り上げて
いた」という主張がある（内山, 2010）。ほかにも個別のインタンジブルズ
については，リーダーシップの研究（Ulrich, 2003），ブランド，レピュテ

序章　本研究の目的とフレームワーク

ーションの研究などがあげられる。インタンジブルズを個々に研究すると，特定の研究領域を深めていけると考えられる。

　一方で，インタンジブルズを複合的に扱う研究もある。たとえば，内山（2010）は，インタンジブルズのマネジメントにおいては複合的なマネジメント・システムが求められると主張する。Kaplan and Norton（2004）は，インタンジブルズを人的資産，情報資産，組織資産として捉える。ほかにもBrynjolfsson は，IT 投資も重要であるが，人材に対する IT 教育費用，業務改革支出といった要素が結びつくことで企業の生産性が高まると主張する（Brynjolfsson, 2004）。Brynjolfsson の主張は，情報資産という個別のインタンジブルズだけでなく，人的資産や組織資産などを複合的に検討する必要性を示唆する。

　複合的に扱うといってもインタンジブルズの種類は多種多様である。マネジメントすべきインタンジブルズとそうでないものはどのように区別するのであろうか。Kaplan and Norton（2004）によると，インタンジブルズは，戦略に方向づけられる必要があるという。戦略を実行するのに必要か否かにより企業にとって必要なインタンジブルズが決まるという考えである。戦略を軸にすれば戦略を実現するために必要なインタンジブルズを特定しやすくなる。

3.2　インタンジブルズのマネジメント

　インタンジブルズのマネジメントを行うためのシステムとして，先行研究ではBSC の活用が提案されてきた。Marr et al.（2003）や Andriessen（2004）はインタンジブルズのマネジメントを行うには BSC を用いる研究が多い点をメタ分析から明らかにしている。また，Chareonsuk and Chansa-ngavej（2008）は，インタンジブルズのマネジメントのフレームワークとして BSCを示している。実際に，BSC を用いてインタンジブルズのマネジメントを

9

扱った研究としては，Kaplan and Norton（2004）や伊藤（2014）がある。Kaplan and Norton（2004）は，学習と成長の視点の中でレディネス評価を通じたインタンジブルズのマネジメントを事例研究した。伊藤（2014）は，戦略課題に応じてインタンジブルズをマネジメントする方法が異なる点を明らかにしている。

BSC を活用したインタンジブルズのマネジメントが文献研究によって示され，実際に BSC を活用したマネジメントも行われている。そこで，本研究は BSC の活用を前提としてインタンジブルズのマネジメントを検討する。一方，BSC の役立ちは時代が進むにつれて拡張している（森沢ほか，2005；Abdel-Kader et al.，2011；伊藤，2014）。そこで，BSC の変遷を示すことで，本研究が依拠する BSC に対する考えを明らかにする。

伊藤（2014）は，BSC の変遷を戦略的業績評価システム，戦略実行のマネジメント・システム，戦略の策定と実行のマネジメント・システム，そして循環型マネジメント・システムの4つに分類している。インタンジブルズのマネジメントが主要なテーマとして論じられるようになるのは，戦略の策定と実行のマネジメント・システムとして BSC が扱われるようになって以降である。戦略の策定と実行の段階では，戦略を可視化する戦略マップと，戦略の進捗度を測定するスコアカードを構築する必要がある。戦略マップが提唱された結果，インタンジブルズと財務成果との結びつきを可視化できるようになった。

図表序.2 は，Kaplan and Norton（2004, p.53）が紹介したサウスウエスト航空の BSC である。サウスウエスト航空は LCC（low cost carrier）であり，低価格で顧客にサービスを提供する企業である。低価格でサービスを提供するためには，低コストで業務を行う必要がある。低コストを追求する戦略が図表序.2 の戦略マップに示されている。財務の視点では，財務成果に関する目標が設定される。財務目標を達成するには，顧客からサービスを購入してもらう必要がある。顧客の視点では，顧客に対する価値提案が示され

図表序.2　BSC の構成要素

戦略マップ	戦略目標	スコアカード		アクションプラン	
プロセス：業務管理　戦略テーマ：地上での折り返し		尺度	目標値	実施項目	予算
財務の視点 利益とRONA／売上高成長率／機体の削減	■収益性 ■売上高成長率 ■機体の削減	■市場価値 ■座席の収益 ■機体リースコスト	■年成長率30% ■年成長率20% ■年成長率5%		
顧客の視点 より多くの顧客を惹きつけ維持する／定刻の発着／最低価格／迅速な地上折り返し	■多くの顧客を惹きつけ維持する ■定刻の発着 ■最低価格	■リピート顧客数 ■顧客数 ■FAA 定刻発着評価 ■顧客のランキング	■70% ■年12% 増加 ■第1位 ■第1位	■CRM システムの実行 ■品質管理 ■顧客ロイヤルティプログラム	■$XXX ■$XXX ■$XXX
内部の視点 迅速な地上折り返し	■迅速な地上折り返し	■地上滞在時間 ■適時出発時間	■30分 ■90%	■サイクルタイムの最大活用	■$XXX
学習と成長の視点 戦略的業務駐機場係員／戦略的システム係員の配置／地上係員の方向づけ	■必要なスキルの開発 ■サポートシステムの開発 ■地上係員を戦略に方向づける	■戦略的ジョブレディネス ■情報システムの利用可能性 ■戦略意識 ■地上係員の特株保有者割合	■1年目 1-70% 　2年目 3-90% 　3年目 5-100% ■100% ■100%	■地上係員の訓練 ■係員配置システムの始動 ■コミュニケーションプログラム ■地上係員の特株保有者割合 ■従業員特株制度	■$XXX ■$XXX ■$XXX ■$XXX ■$XXX
				予算総額	$XXX

出典：Kaplan and Norton (2004, p. 53)。筆者訳。※原文では Balanced Scorecard。

る。図表序.2の顧客の視点には，定刻の発着や（他の航空会社と比較して）最低価格などの戦略目標が設定されている。財務の視点や顧客の視点で設定された戦略目標を達成するためには，内部の視点で企業のビジネスプロセスを構築する必要がある。迅速な地上折り返しを通じて，機体の効率的活用，定刻の発着などが行える。しかし，ビジネスプロセスを構築したとしても，それだけでは十分でない。ビジネスプロセスを運用できるように，従業員のスキルや情報システム，組織文化などを準備する必要がある。学習と成長の視点は，内部の視点を支えるためのインフラとして機能する。

　サウスウエスト航空の戦略マップを通じて，財務の視点，顧客の視点，内部ビジネスプロセスの視点，学習と成長の視点を検討した。各視点では，戦略を細分化した戦略目標を設定する。戦略目標同士は因果関係が想定されており，最終的に財務成果につながるような戦略仮説を構築する。

　スコアカードは図表序.2では，戦略マップの右隣に示されている。戦略マップで可視化された戦略を測定するものがスコアカードである。測定するためは尺度を設定する必要がある。尺度が決定されれば，戦略目標を達成するための目標値を設定し現状値を測定する。Kaplan and Norton（2004）は，インタンジブルズを測定する尺度の設定手法としてレディネス評価を提唱した。

　最後に，図表序.2の一番右に示されているアクションプランについて述べる。スコアカードに目標値を設定しその実績値を測定し，両者の差を埋める手段としてアクションプランがある。顧客の視点，内部ビジネスプロセスの視点，学習と成長の視点で設定された各戦略目標に対してアクションプランが構築される。なお，財務の視点にアクションプランがないのは，下位の戦略目標が達成されれば，財務成果の向上に繋がると仮定されているためである。

　BSC，特に戦略マップが提唱されたことで，従来はトップの頭のなかにあった戦略が明示できるようになった。戦略の可視化により，全従業員の間で戦

略に関わるコミュニケーションを行うことができ，それによって戦略修正が可能となる。企業が進むべき中長期的な方向性を示す戦略には，トップによる多くの仮説が含まれており，当初意図した戦略がすべて実現するとは限らない。戦略マップを通じて戦略が明示されるため，戦略実行を行った結果，仮説と異なるものが出てくれば戦略マップの戦略目標や因果関係の変更を通じて，戦略修正が行える。

戦略修正は，インタンジブルズのマネジメントにとって重要なプロセスである。インタンジブルズへの投資は戦略に依存して行われるため，戦略修正を素早く実施できれば，自社にとって適切なインタンジブルズが構築できるためである。

3.3 インタンジブルズのマネジメントの研究課題

戦略マップとスコアカードが提唱され，戦略の可視化と測定のシステムが構築された。一方，戦略は策定しただけでは意味がなく，いかに実行に繋げていくのかが重要となる。Kaplan and Norton（2008）は，戦略の策定，策定された戦略の業務活動への落とし込み，さらに戦略修正のサイクルまでを一貫させたマネジメント・システムを構築する必要があると主張した。Kaplan and Norton の主張は，循環型マネジメント・システムと呼ばれる。本研究では，循環型マネジメント・システムを統合型マネジメント・システムとして扱う。ここでいう統合とは，戦略と業務が結びついていることを示している。

戦略の策定と実行に関する統合型マネジメント・システムについては，フレームワークに関する研究（Kaplan and Norton, 2008），統合型マネジメント・システムを企業が導入しているか否かを調査するための研究（Ferreria and Otley, 2009），統合型マネジメント・システムの実行可能性を調査した研究（伊藤，2014）などが行われてきた。これらの先行研究は，統合型マネ

ジメント・システムの理論構築を行った研究，理論が実践されているかを確認する質問調査の研究，理論が実践でも活用できるのかを扱った研究である。

　統合型マネジメント・システムは，インタンジブルズのマネジメントを行ううえで不可欠なシステムである。戦略の策定段階で価値創造に必要なインタンジブルズが提案され，実行段階でインタンジブルズの構築がなされるため，戦略の策定と実効を結びつける統合型マネジメント・システムが重要となる。インタンジブルズは無形の資産であり捉えにくいため，長期的な視点で戦略的に構築していかなければ，投資がなおざりになりかねない。さらに戦略策定段階でインタンジブルズへの投資が考慮されていても，実行に繋がっていなければ絵に描いた餅となってしまう。したがって，戦略策定と実行を結びつける統合型マネジメント・システムの中で，インタンジブルズを扱う必要がある。

　ここで，統合型マネジメント・システムとは，「従来ばらばらだった戦略の策定と実行のマネジメント・システムやツールを統合することによって，戦略を効果的に実現」するものである（伊藤，2014，p. 2）。本研究で依拠する統合型マネジメント・システムの構成要素を図表序.3に示す。①の事業戦略の策定では，事業戦略を策定したのち，BSCを通じて戦略の可視化

図表序.3　統合型マネジメント・システム

出典：筆者作成。

序章　本研究の目的とフレームワーク

や目標値の測定が行われる。②の業務計画への落とし込みでは，戦略を現場に落とし込むためのカスケードがなされる。実行では，戦略と日常業務が実行に移される。③のモニタリングと修正では，業務活動に関するモニタリングと修正に加えて，戦略に対するモニタリングや修正行動がとられる。当初策定された戦略はトップの仮説であり，戦略の実行を通じて仮説の修正が行われる。

インタンジブルズのマネジメントを行う手段としてBSCを活用した統合型マネジメント・システムを用いる場合，図表序.3すべてのプロセスを実践に移す必要がある。しかし，統合型マネジメント・システムとインタンジブルズの関係を考える際には，図表序.3のフレーム全体に関わる課題と，統合型マネジメント・システムの構成要素である①事業戦略の策定，②業務計画への落とし込み，③モニタリングと修正のそれぞれに課題が存在する。

第1の課題は，特定企業を対象とした統合型マネジメント・システムの利用に関するものである。統合型マネジメント・システムでは，戦略と業務が統合されているため，末端の従業員まで戦略を理解させる必要がある。

統合型マネジメント・システムの活用に関わる調査としては，企業へのアンケートを通じた大量サンプル調査が有効である。大量調査としては複数組織を対象とする場合と，特定組織へのアンケート調査がある。特定組織への調査のほうが，条件が一定しているので戦略の浸透を調査するのに適している。つまり統合型マネジメント・システムの導入状況を確認するには，特定組織の従業員へアンケート調査を行って，マネジメント・システムによる戦略と業務の統合度を明らかにする必要がある。本研究のリサーチサイトに対して，インタンジブルズのマネジメントを行う前提となるマネジメント・システムについて，戦略と業務が統合されているかを明らかにするという課題が存在する。この課題については，第2章で検討する。

第2の課題は，インタンジブルズと戦略の関係である。図表序.3の①は事業戦略の策定を行う段階である。インタンジブルズは戦略と結びつけてマ

15

ネジメントしないかぎり，価値を生み出さない（Kaplan and Norton, 2004, p. 38）という主張があるように，インタンジブルズにとって戦略の概念は重要である。一方で，戦略については論者ごとに多様な見解があり，意見の一致を見ていない。そこで，戦略について概観した後に，戦略論の中でインタンジブルズがいかに扱われてきたのかを明らかにする。戦略をインタンジブルズというアプローチで検討した研究は資源ベースの戦略論の研究を除くと多くないため，第3章では，このような課題にチャレンジする。

　第3の課題は，インタンジブルズが業務を行う現場でいかに構築されるのかを明らかにすることである。この課題は，戦略を現場に落とし込むカスケードにかかわる研究課題である。カスケードを行うツールにはさまざまな方法が提案されてきた。櫻井（2008）は，カスケードのツールとして，方針管理や目標管理を紹介した。また，Kaplan and Norton（2008）は，ダッシュボードやシックスシグマを紹介している。ほかにも，伊藤（2014）は，カスケードの手段としてBSCを用いるケースを紹介した。このようなツールにより，ほとんどの戦略目標を業務計画へと落とし込むことが可能である。一方で，戦略のカスケードによりインタンジブルズがいかに構築されているかは明らかにされていない。カスケードのプロセスに焦点を当てたインタンジブルズの構築を第4章で検討する。

　第4の課題は，戦略修正に関わるものである。従来，戦略は所与であると考えられていた。経済環境が安定しており変化があまりない市場であれば，トップが策定した戦略にしたがって，現場が戦略を実行できた。現場に落とし込まれた目標値は正しいということが前提であり，目標値と実績値の差を埋めるために業務活動のPDCAサイクルが実施される。しかし，今日の経済環境は変化が激しく当初策定していた戦略と外部環境が合わなくなる場合もある。そこで，戦略実行のPDCAサイクルを回して，戦略の修正までを扱う必要が生じる。

　戦略的マネジメント・システムに関して，戦略実行をした結果，戦略の修

序章　本研究の目的とフレームワーク

正をいかに行うべきかについては十分な研究がなされていない。たとえば，奥（2013）によると，どのような戦略を策定すべきかといった戦略の策定段階の議論は盛んに行われているが，すでに実行されている計画的戦略の戦略修正を論じている事例は非常に少ないのが現状である。経営環境が激しく変化する中，環境に適応できるように戦略修正を行う意義は大きいと考えられる。戦略修正を扱う文献の中で，Kaplan and Norton（2008）は統計的分析による方法と，会議による方法を明らかにした。このうち，戦略修正のプロセスが具体的にどのようになされているのかを調査した研究は多くない。第5章では，戦略修正に焦点を当てて，修正プロセスに関わる課題とその対応策を検討する。

　以上で示した4つの課題は，インタンジブルズをマネジメントすることで価値創造をするという点に焦点を合わせたものである。一方で，インタンジブルズの負の側面にも目を向ける必要がある。とりわけ，戦略のパラドックスについて取り上げることは重要である。すなわち，戦略に方向づけられたインタンジブルズが構築できたとしても問題が生じる可能性がある。環境変化等を原因として当初意図した戦略が足を引っ張る場合があるからである。たとえばソニーのMD（ミニディスク）は，ソニーの強みである小型化を通じて一定の市場を形成していた。その後アップルがiPodの販売を開始し，音楽の保管がiTunes等のようにコンピュータ上で行えるようになった。MDを開発・生産・販売するためのインタンジブルズが構築されていたが，競争環境の変化によって蓄積してきた音楽という情報資産がiTunesではダウンロードできず価値毀損してしまった。本研究ではこのようなインタンジブルズの負の側面に関する問題を第6章で取り上げる。

4 研究のフレームワーク

　統合型マネジメント・システムに基づいた本研究のフレームワークを図表序.4に示す。フレームワークに従って、研究を進めていく。

　まず第1章ではインタンジブルズの定義，研究変遷に対する動向をレビューする。

　第2章では，本研究のフレームワークである統合型マネジメント・システ

図表序.4　本研究のフレームワーク

```
┌─────────────────────────────────────┐
│                  序章                   │
├─────────────────────────────────────┤
│   「1章　インタンジブルズ研究の変遷と方向性」   │
└─────────────────────────────────────┘
```

価値創造
「2章　マネジメント・システムの
統合度に関する研究」

事業戦略の策定
「3章　戦略の策定と形成」

業務計画への
落とし込み
「4章　戦略の
カスケードによる
インタンジブルズ
の構築」

モニタリングと修正
「5章
インタンジブルズの
マネジメントと
戦略の修正」

実行

インタンジブルズの負の側面
「6章　インタンジブルズの
負の側面の影響と管理」

戦略の柔軟性

レジリエンス　　非関連多角化

終章

出典：筆者作成。

ムの構成要素間の関係を明らかにする。構成要素とは，戦略の策定，業務計画への落とし込み，そして戦略修正である。大量データによる実証研究を行って，マネジメント・システムの統合度を検証する。

第3章では，インタンジブルズと戦略の関係を明らかにする。インタンジブルズは戦略と結びつけて管理しないかぎり大きな価値を生み出せないと主張されている。一方，戦略には多様な概念が提唱されている。第3章ではインタンジブルズという観点から戦略論を捉え，従来の戦略論の中でインタンジブルズがいかに扱われていたのかを明らかにする。

第4章では，戦略のカスケードを通じたインタンジブルズの構築を明らかにする。カスケードとは，トップが策定した戦略を業務計画へ落し込むことである。第4章では，カスケード本来の役割を実現する過程を通じて，インタンジブルズがいかに構築されるのかを示す。

第5章では，戦略修正の課題について検討する。戦略の修正がいかなるコントロール概念を通じて，どのようなプロセスを経て行われるのかを明らかにする。同時に，インタンジブルズのマネジメントと戦略修正の関係にも触れる。

第3章から第5章では，統合型マネジメント・システムの構成要素にしたがって，価値創造を行うためのインタンジブルズのマネジメントについて検討している。一方，企業価値創造のためには，戦略のパラドックスへの対応を検討することも重要である。戦略のパラドックスとは，戦略実行のために資源を集中投入した結果，環境変化に対応できなくなることである。戦略のパラドックスはインタンジブルズの負の側面に含まれると捉え，本研究では第6章で，インタンジブルズの負の側面にいかに対応していくべきかについて明らかにする。

5 研究手法

　本研究を進めるに当たっては，研究課題に従って，文献研究やフィールド
スタディ（実証研究とケーススタディ[2]）を通じて課題を解決していく。フィ
ールドスタディについて，Merchant and Van der Stede（2006）は，組織の
構成員を直接観察して，現実世界の現象を詳細に調査するものと定義してい
る。フィールドスタディのリサーチサイトは，海老名総合病院である。海老
名総合病院で実践されている戦略のマネジメントについての実態把握を行う。
実態把握のために，参与観察，アンケート調査，インタビュー調査を実施す
る。

　海老名総合病院を本研究のリサーチサイトに選んだのは，BSC を活用し
ている，戦略実行を行っている，そして一組織の全従業員を対象とした調査
が可能であるという 3 つの理由からである。第 1 の理由である BSC の活用
について，海老名総合病院では 2010 年度に BSC を試行的に導入した。2011
年度には，BSC の導入段階として，病院 BSC を構築するとともに，一部の
モデル部門と部署に対して，部門 BSC を展開した。BSC を活用することで
インタンジブルズをマネジメントする下地が作られた。インタンジブルズの
マネジメントを研究するには，海老名総合病院のケースは有用であると考え
られる。

　第 2 の理由である戦略実行について，海老名総合病院が BSC を導入した
目的が戦略実行であるという点があげられる。BSC の導入目的は多様に存
在する（森沢・黒崎，2003；櫻井，2008，pp. 25-30）ため，BSC を導入し
ている組織が必ずしも BSC を戦略実行のために活用しているとは限らない。

---

2)　一般にケーススタディが望ましいのは，「どのように」あるいは「なぜ」という問題
　が課されている場合，研究者が事象をほとんど制御できない場合，そして現実の文脈に
　おける一時点の現象に焦点を合わせている場合である（Yin，1994，p. 13）。

海老名総合病院では内山院長（当時）がBSCを戦略的マネジメント・システムとしての導入を宣言している（伊藤，2014，p. 167）。戦略に依存してインタンジブルズの価値が変化するという点を踏まえれば，特定組織に入り込んで研究を行う研究方法がインタンジブルズ研究を進めるにあたって効果的である。組織ごとに戦略が異なれば，必要なインタンジブルズも異なるためである。

第3の理由である一組織の全従業員を対象とした調査については，BSCの導入を通じて，組織にどの程度戦略が浸透しているのかを把握できる。戦略が業務にまで落とし込まれていれば，従業員にまで戦略が浸透していると考えられる。さらに，戦略修正まで実践されていれば，統合型マネジメント・システムが導入されているとみなせる。特定の組織で統合型マネジメント・システムが実践されているのか，統合型マネジメント・システムが有効であるのか，といった問題を調査するには，大量サンプルを利用した実証研究が有効である。

本研究では，第2章，第4章，第5章で設定した課題を海老名総合病院での調査から得られた情報に基づいて解決する。第2章では，海老名総合病院の全看護部職員を対象にアンケート調査を行い，戦略と業務の統合に対する意識調査を行う。さらに，第2章の分析結果を用いて，組織内で特に戦略が浸透している部署を選定する。第4章では，第2章で抽出された部署を対象としたインタビュー調査を実施して，戦略のカスケードを通じてインタンジブルズが構築される実践を明らかにする。第5章では，海老名総合病院で実践されているBSCレビューの参与観察を通じて，戦略修正プロセスを明らかにする。

第1章，第3章，第6章は文献レビューに基づいて研究を行う。第1章では，インタンジブルズに対する定義，研究変遷，研究対象等を検討する。第3章では，従来提唱されてきた戦略論をレビューして，インタンジブルズとの関係を再考する。第6章では，インタンジブルズの負の側面については理

論が確立されておらず多様な見解があるため，文献研究による理論的研究を行う。

まとめ

　本章では，本研究が依拠する企業価値とインタンジブルズの意義を明らかにした。企業価値を経済価値と同義と解するべきではなく，多面的に捉えるべきであるとした。また，財務会計と管理会計上で，インタンジブルズがどのように扱われているのかを検討した。Blair and Wallman（2001）の3つの分類に従うと，オンバランスできる無形資産は財務会計上で扱われ，無形資産に加えて，支配可能であるが企業から分離して販売できない資産，企業が全く支配できないものが管理会計上で扱われる。本研究では，Blair and Wallman の3つの分類すべてを含めてインタンジブルズの検討を行っていく。

　次に，インタンジブルズのマネジメントの手法と課題を整理した。インタンジブルズのマネジメントを行うにあたっては，インタンジブルズを複合的に活用することが重要になる。インタンジブルズのマネジメントを行うためには，戦略の策定と実行のマネジメント・システムである BSC が利用できる。インタンジブルズのマネジメントに関わる課題は統合型マネジメント・システムのフレームワークに基づいて整理した。フレームワークは企業価値創造と戦略のパラドックスという2つに分類した。2つの分類を合わせて考えることが企業価値創造にとって不可欠であるためである。

　価値創造の源泉が有形資産からインタンジブルズへと重点が移行するにつれて，インタンジブルズをいかにマネジメントすべきかが重要となった。インタンジブルズのマネジメントを効果的に実施できる企業が高い競争力を得られよう。インタンジブルズは可視化が困難なものが多く，意識的にマネジ

メントを行わなければ，インタンジブルズに対する投資がなおざりになってしまうおそれがある。BSC によるマネジメントは，インタンジブルズを可視化するうえで効果的である。

　本研究では，文献研究，実証研究，参与観察などのアプローチを通じて，図表序.4 のフレームワークで提示した課題を各章で検討していく。各章での検討を通じて，企業価値創造のためにインタンジブルズをいかにマネジメントすべきかを明らかにする。

参考文献

Abdel-Kader, M., S. Moufty and E. K. Laitinen (2011), Balanced Scorecard Development: A Review of Literature and Directions for Future Research, In Abdel-Kader, M. (Ed), *Review of Management Accounting Research*, Palgrave Macmillan, pp.214-239.

Andriessen, D. (2004), IC Valuation and Measurement: Classifying the State of the Art, *Journal of Intellectual Capital*, Vol. 5, No. 2, pp. 230-242.

Blair, M. M. and S. M. H. Wallman (2001), *Unseen Wealth: Report of the Brookings Task Force on Intangibles*, Brookings Institution Press (広瀬義州他訳 (2002)『ブランド価値入門：見えざる富の創造』中央経済社).

Brynjolfsson, E. (2004), *Intangilble Assets* (CSK 訳 (2004)『インタンジブル・アセット「IT 投資と生産性」相関の原理』ダイヤモンド社).

Cabrita, M. D. R. and J. L. Vaz (2005), Intellectual Capital and Value Creation: Evidence from the Portuguese Banking Industry, *Electronic Journal of Knowledge Management*, Vol.4, No.1, pp.11-20.

Chan, K. H. (2009), Impact of Intellectual Capital on Organizational Performance: An Empirical Study of Companies in the Hang Seng Index (Part1), *The Learning Organization*, Vol.16, No.1, pp.4-21.

Chan, K. H. (2009), Impact of Intellectual Capital on Organizational Performance: An Empirical Study of Companies in the Hang Seng Index (Part2), *The Learning Organization*, Vol.16, No.1, pp.22-39.

Chareonsuk, C. and C. Chansa-ngavej (2008), Intangible Asset Management Framework for Long-term Financial Performance, *Industrial Management & Data Systems*, Vol.108, No.6, pp.812-828.

Dumay, J. (2014), 15 Years of the *Journal of Intellectual Capital* and Counting: A Manifesto for Transformational IC Research, *Journal of Intellectual Capital*, Vol.15, No.1, pp.2-37.

Eythymios, G., D. Galani and S. Antonios (2010), Approaching Intangible Assets in the Current Greek Entrepreneurial Environment, *World Academy of Science, Engineering and Technology*, Vol.66, pp.964-969.

Ferreria, A. and D. Otley (2009), The Design and Use of Performance Management

序章　本研究の目的とフレームワーク

Systems : An Extended Framework for Analysis, *Management Accounting Research*, Vol.20, No.4, pp.263-282.

IASB (2011), *International Financial Reporting Standards*, IFRS Foundation (IFRS 財団編，企業会計基準委員会・公益財団法人財務会計基準機構監訳 (2011)『国際財務報告基準 (IFRS)』中央経済社).

Ittner, C. D. and D. F. Larcker (1995), Total Quality Management and the Choice of Information and Reward Systems, *Journal of Accounting Research*, Vol.33, Supplement, pp.1-34.

Kaplan, R. S. and D. P. Norton (2004), *Strategy Maps : Converting Intangible Assets into Tangible Outcomes*, Harvard Business School Press (櫻井通晴・伊藤和憲・長谷川惠一監訳 (2014)『戦略マップ [復刻版]：バランスト・スコアカードによる戦略策定・実行フレームワーク』東洋経済新報社).

Kaplan, R. S. and D. P. Norton (2008), *The Execution Premium, Linking Strategy to Operations for Corporate Advantage*, Harvard Business School Press (櫻井通晴・伊藤和憲監訳 (2009)『戦略実行のプレミアム』東洋経済新報社).

Kristandl, G. and N. Bontis (2007), Constructing a Definition for Intangibles Using the Resource Based View of the Firm, *Management Decision*, Vol.45, No.9, pp. 1510-1524.

Lev, B. (2001), *Intangibles : Management Measurement, and Reporting*, Brookings Institution Press (広瀬義州・桜井久勝監訳 (2002)『ブランドの経営と会計』東洋経済新報社).

Malik, K. P. and S. Malik (2008), Value Creation Role of Knowledge Management : A Developing Country Perspective, *The Electronic Journal of Knowledge Management*, Vol.6, No.1, pp.41-48.

Marr, B., D. Gray and A. Neely (2003), Why Do Firms Measure Their Intellectual Capital?, *Journal of Intellectual Capital*, Vol.4, No.4, pp.441-464.

Merchant, K. A. and W. A. Van der Stede (2006), Field-Based Research in Accounting : Accomplishments and Prospects, *Behavioral Research in Accounting*, Vol.18, No.1, pp.117-134.

OECD (2010), Measuring Innovation a New Perspective, OECD Publishing.

Porter, M. E. and M. R. Kramer (2011), Creating Shared Value, *Harvard Business Review*, January-February, pp.62-77 (編集部訳 (2011)「共通価値の戦略」『Diamondハーバード・ビジネス・レビュー』6月号，pp.8-30).

Ulrich, D. (2003), *Why the Bottom Line Isn't! How to Build Value Though People and Organization*, Wiley (伊藤邦雄・淡川佳子訳 (2004)『インタンジブル経営：競争優位をもたらす「見えざる資産」構築法』ランダムハウス社).

Volkov, D. and T. Garanina (2008), Value Creation in Russian Companies : The Role of Intangible Assets, *The Electronic Journal of Knowledge Management*, Vol.6, No.1, pp.63-74.

Yin, R. K. (1994), *Case Study Research : Design and Methods, Second Edition*, Sage Publications, Inc (近藤公彦 (1996)『ケース・スタディの方法』千倉書房).

青木章通・岩田弘尚・櫻井通晴 (2009)「レピュテーション・マネジメントに関する経営者の意識：管理会計の視点からのアンケート調査結果の分析」『会計学研究』No.35，pp.33-70。

伊藤和憲 (2012)「バランスト・スコアカードの現状と課題：インタンジブルズの管理」『管理会計学』Vol.20，No.2，pp.109-122。

伊藤和憲 (2013)「管理会計における統合報告の意義」『専修大学会計学研究所報』No.27，pp.3-28。

伊藤和憲 (2014)『BSCによる戦略の策定と実行：事例で見るインタンジブルズのマネジメントと統合報告への管理会計の貢献』同文舘出版。

伊藤邦雄・加賀谷哲之 (2001)「企業価値と無形資産経営」『一橋ビジネスレビュー』Vol.49，No.3，pp.44-62。

内山哲彦 (2010)「インタンジブルズとしての人的資源の管理と管理会計：統合的業績管理システム研究における意義と課題」『千葉大学経済研究』Vol.24，No.3-4，pp.293-317。

奥倫陽 (2013)「マネジメント・システムによる戦略修正への影響：予算管理，方針管理，目標管理，BSCに焦点をあてて」『ビジネス・マネジメント研究』Vol.9，pp.37-47。

企業会計基準委員会 (2009)『無形資産に関する論点の整理』財務会計基準機構。

櫻井通晴 (2008)『バランスト・スコアカード (改訂版)：理論とケース・スタディ』同文舘出版。

櫻井通晴 (2011)『コーポレート・レピュテーションの測定と管理「企業の評判管理」の理論とケース・スタディ』同文舘出版。

櫻井通晴 (2012a)『管理会計 (第五版)』同文舘出版。

櫻井通晴（2012b）「序章　インタンジブルズとレピュテーションのマネジメント」（櫻井通晴編著『インタンジブルズの管理会計』中央経済社，pp.1-13）。

森沢徹・黒崎浩（2003）「バランス・スコアカードを活用した経営管理システムの改革」『知的資産創造』10 月号，pp.24-39。

森沢徹・宮田久也・黒崎浩（2005）『バランス・スコアカードの経営』日本経済新聞社。

第1章
インタンジブルズ研究の変遷と方向性

はじめに

　先進国における 20 世紀の経済活動を特徴づけると，製造が中心の社会といえる。製造中心の社会では，標準化や規模の経済を通じた大量生産によるコスト低減により競争優位の構築を目指した。同様に，「1970 年代から 1980 年代を通じて我が国の競争優位は QCD（quality, cost, delivery）の追求」にあるとされた（伊藤，2007, p. 15）。具体的には，品質向上，コスト低減，納期短縮を目指してきた。製造中心の工業社会では，土地，工場，機械設備といった貸借対照表に計上される資産を拡大することが，企業価値の創造に寄与するといわれてきた。

　しかし，20 世紀終盤に時代が下ると，製造を中心としただけでは企業価値創造が困難となった。この原因として，Lapointe and Cimon（2009）は，グローバル化，規制緩和，IT 化の 3 点を指摘する。グローバル化では，関税率の引き下げや貿易協定などの結果，国家間で製品を流通させやすくなり，競争相手が世界中の企業へと拡大した。規制緩和により，政府に保護されていた産業が競争にさらされるようになった。IT 化により，情報伝達の円滑化や地理的な障壁を破る結果につながった。これらの影響によりグローバルな企業間競争が激しくなり，製造活動を効率的に行うのみでは，企業価値の創造が難しくなった。

国の経済が豊かになると，消費者は自らのニーズに合った商品を求めるようになり，顧客ニーズが多様化する。消費者の要求を満たすために，企業は少品種大量生産から多品種少量生産を行う。商品のイメージや企業自体のレピュテーションを高めるために，多額の広告宣伝も必要となった。顧客ニーズの多様化という要因も，QCDといった効率性を追求するだけでは企業価値を創造しにくくなる原因となっている。

　21世紀の経済における重要な潮流の1つは，価値創造の源泉が有形資産からインタンジブルズへとシフトしたことである（Volkov and Garanina, 2008）。インタンジブルズが価値創造の源泉として注目された点について岩井（2003）は「利潤の源泉が，お金で買える機械や工場から，お金では買えない人間の頭の中の知識や能力へと急速に転換しつつある」と主張した（岩井，2003，p. 17）。

　製造中心の社会と知識中心の社会では管理会計の扱う範囲も拡大する。たとえば増加した支援コストの割当て精度を高めた原価を算定する活動基準原価計算（activity-based costing：ABC）などのように戦略的管理会計が展開された。ほかにも戦略の策定と実行のマネジメント・システムであるBSCはインタンジブルズの管理を促した。知識中心の社会においても，業務効率の追求は大切である。しかし，コスト優位以外にも，顧客の要求する問題を解決する能力や継続的に革新を生み出すことが重要である。他社をベンチマークするのではなく，他社とは異なる正しいことを戦略的に行うための管理会計情報が求められるようになった。

　以上のように，20世紀の社会と21世紀の社会では価値創造の源泉が異なる。価値創造の源泉の変化に対応して，どのようなインタンジブルズの研究が行われてきたのであろうか。本章では，インタンジブルズ研究の変遷を検討したうえで，近年におけるインタンジブルズ研究の対象と研究動向を明らかにする。第1節では，インタンジブルズの定義を検討する。第2節では，インタンジブルズ研究の変遷を考察する。第3節では，インタンジブルズ研

究の対象を検討する。最後に本章をまとめる。

1　インタンジブルズとは何か

インタンジブルズの定義には統一した見解がない（Blair and Wall-man, 2001；Chan, 2009；Eythymios et al., 2010；Kristandl and Bontis, 2007；Volkov and Garanina, 2008）。Kristandl and Bontis（2007）はインタンジブルズに関する文献の中で用いられてきた主要な用語を調査した。Kristandl and Bontis の調査によると，知識財産（intellectual property），無形資産（intangible assets），知的資本（intellectual capital），知的資産（intellectual assets），知識資本（knowledge capital），知識資産（knowledge assets）などが用いられてきたという。インタンジブルズの用語が多様に存在する理由の1つに，研究分野により用語が異なるということがあげられる。会計学研究者の Lev によれば，無形資産は財務会計の文献で用いられ，知識資産は経済学の文献で用いられ，知的資本はマネジメントや法律の文献で用いられていると主張する（Lev, 2001, p. 5）。

Blair and Wallman（2001）は，インタンジブルズを①企業が所有し売却できる資産，②企業が支配できるが売却できない資産，③企業が全く支配できない資産の3つに分類した。櫻井（2012）は，Blair and Wallman に従い，インタンジブルズを「知的財産」，「オフバランスの無形資産」，「無形の資産」の3つに分類した（櫻井, 2012, p. 602）。知的財産は，特許や著作権といった法的に保護されているもので，貸借対照表上にオンバランスできる資産である。オフバランスの無形資産は，ブランドやレピュテーションのように企業が支配できるが，貸借対照表上にオンバランスできない資産である。無形の資産はスキル，情報資産，価値観のように企業による支配が難しいものをいう。知的財産，オフバランスの無形資産，無形の資産という3つの分類は図

31

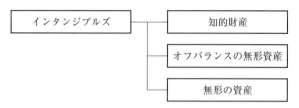

図表1.1 インタンジブルズの分類

出典:筆者作成。

表1.1のようにまとめられる。インタンジブルズは、これら知的財産、オフバランスの無形資産、無形の資産がすべて含まれる概念である。

インタンジブルズの定義について、Lev (2001) は「物的、金融的性質（株券、債券）を有さない将来便益の請求権」であると定義した (Lev, 2001, p.5)。請求権としてインタンジブルズを捉える Lev は、インタンジブルズのオンバランスを志向していると考えられる。一方、Blair and Wallman (2001) はインタンジブルズを、「製品の生産やサービスの提供に貢献するか、それに活用される、もしくはインタンジブルズの活用をコントロールする個人、企業に対して将来の便益をもたらすと期待される非物的要因」であると定義している (Blair and Wallman, 2001, p.3)。Lev と Blair and Wallman の定義には、インタンジブルズを権利に限定しているか否かという違いがある。会計学で捉えられる権利としてのインタンジブルズは知的財産であり、「伝統的な会計学では、法律上の権利や経済上の優位性を表す特許権、実用新案権、商標権、営業権など」が該当する (櫻井, 2012, p.601)。

続いて、インタンジブルズの性質について検討する。インタンジブルズを競争優位の源泉として捉えるという主張がある (Barney, 2002; Kristandl and Bontis, 2007)。企業の競争優位については、業界構造という外部要因と、企業内部の経営資源によって生み出される。企業内部の経営資源について、リソース・ベースト・ビュー (resource based view：RBV) の理論によると、

VRIO を満たした資産が競争優位を生み出す資源として識別される。VRIO とは，経済価値（value），希少性（rarity），模倣困難性（imitability），組織（organization）の頭文字をとったものである。VRIO を満たすことで，インタンジブルズを競争優位の源泉となるものに限定できる。

Lev（2001）の定義を参考にして，本研究では，インタンジブルズを企業の価値を創造する無形の源泉と定義する。また，インタンジブルズの範囲としては，Blair and Wallman（2001）が分類した，知的財産，オフバランスの無形資産，無形の資産すべてをインタンジブルズとして扱う。インタンジブルズの性質については，Barney（2002）が示した VRIO そのものであると捉える。

なお，本研究では知的資本（intellectual capital）もインタンジブルズの範疇に含まれるものとして議論を行う。知的資本の構成要素である人的資本，構造資本，関係資本という概念のすべてが知的なものであるとは考えられないためである。知的資本という表現が適切でないという点について，櫻井は知的とはいえないレピュテーションのようなインタンジブルズがある（櫻井，2012, pp. 603-604）ことを根拠としている。また，Andriessen は組織文化が優れている企業を取り上げ，従業員が集団的な価値と規範を共有する例を紹介した。このような知的とは呼べない隠れた資産（hidden asset）があると主張した（Andriessen, 2001）。今後の議論でも，引用文献により知的資本，無形の資産等の用語を用いるが，本研究では，インタンジブルズに含まれるものと捉える。

2 インタンジブルズ研究の変遷

本節では，インタンジブルズ研究の変遷を検討する。第1に，インタンジブルズ研究が増加した1990年代以降の変遷を検討する。第2に，インタン

ジブルズ研究について，外部報告を志向した測定目的の研究から，マネジメント目的の研究へとインタンジブルズ研究の重点が移行したことを明らかにする。第3に，インタンジブルズ研究の変遷を3つのステージに分類した文献を検討する。

2.1　インタンジブルズ研究の推移

第1節で明らかにしたように，インタンジブルズ研究は学際的に行われており，さまざまな専門用語が使われている。研究のアプローチも多様である。Bounfour によると，インタンジブルズには少なくても6つの研究アプローチが存在するという（Bounfour，2015，p.17）。すなわち，活動アプローチ，サービス活動アプローチ，分析的アプローチ，戦略的アプローチ，知的資本アプローチ，会計アプローチの6つである。

6つの研究アプローチを整理すれば，インタンジブルズ研究の変遷を明らかにするうえで，研究対象を調査する際に活用できる。活動アプローチは，企業活動には多かれ少なかれインタンジブルズの要素が含まれるというアプローチである。活動アプローチは特定の研究分野に依拠していないため，分析を行うのは困難である。サービス活動アプローチは，サービス活動の分析に焦点を合わせる。分析的アプローチは，インタンジブルズに該当する投資を明らかにするというものである。たとえば研究開発，特許の構築と購入，広告宣伝，ソフトウェアなどの投資をインタンジブルズと捉えている。投資は総称してイノベーション，ブランド構築，レピュテーションの構築のために行われていると考えられる。戦略的アプローチでは，企業の内部資源が競争優位の源泉としてのインタンジブルズであるとされている。戦略的アプローチには，Barney の RBV や Prahalad and Hamel のコア・コンピタンスなどが含まれる（Bounfour，2015，p.22）。知的資本アプローチでは，企業内部の知的資本のモデル化に焦点が置かれた。代表的な研究として Edvinsson

図表1.2 タイトルにインタンジブルズを含む文献数の推移

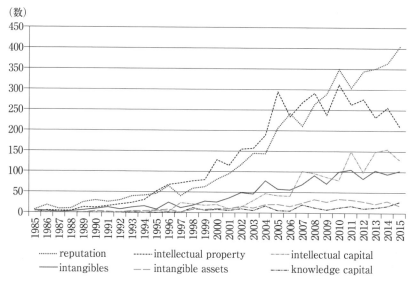

出典：筆者作成。

and Malone (1997), Sveiby (1997), Stewart (1997) が例示されている (Bounfour, 2015, p.29)。会計アプローチでは，財務会計上のインタンジブルズの扱いを対象とするものである。

以上の6つのアプローチで用いられている用語と，第1節で示した Kristandl and Bontis (2007) が例示したインタンジブルズの多様な用語を参考にしてインタンジブルズ研究の変遷を検討する。図表1.2に示した単語をEBSCOで検索した。検索条件は，論文の題名に reputation, intellectual property, intellectual capital, intangibles, intangible assets, knowledge capital が含まれていることであり，かつ査読つき論文のみに限定した[1]。図表1.2の折れ線グラフの推移を見ると，1980年代にインタンジブルズ研究が徐々に開始され，1990年代以降，一挙に増大している。インタンジブルズにつ

いて，本格的に研究されはじめたのは，1990年以降であると考えられる。

　1990年代以降インタンジブルズ研究が増加したことが図表1.2の結果から推察できる。それでは，1990年代はインタンジブルズの研究について，どのような取り組みが行われていたのであろうか。Sveiby（2010）を用いて，1990年から2000年までのインタンジブルズ研究の変遷を検討する。1989年にSveiby et al.によって提唱された見えざる貸借対照表（invisible balance sheet）の問題意識は，コンサルティングファーム，会計事務所，病院，コンピュータ業界のような知識産業では貸借対照表上に，企業本来の価値を表せないという点にある。Sveiby et al.（1989）は，おのおのの従業員がクライアントに対して課題解決を行っていくため，ノウハウを有した従業員の存在が重要になると考えた。クライアントの課題解決に必要な資本を，伝統的な財務資本とは別に，ノウハウ資本（know how capital）として分類した。ノウハウ資本をさらに，個人資本（individual capital）と組織資本（structural capital）に分けている。オンバランスができないノウハウ資本について，財務諸表に付随させて開示するという提案をした。

　インタンジブルズ研究の中でもSveiby et al.（1989）の見えざる貸借対照表は，時価と簿価の差額を説明しようとした先駆的な試みであると考えられる。しかし，Sveiby et al.が対象としている業種は，コンサルティングファームやIT業界など，有形資産の割合が相対的に低い業種に限られている。インタンジブルズは有形資産の割合が大きい業界にとっても重要な資源である。さらに，ノウハウ資本の対象は主として人材に関するものに限定されている。インタンジブルズは，人材以外にも組織の風土や，ブランド，レピュテーションなど多様なものが含まれる概念である。Sveiby et al.（1989）が提唱したノウハウ資本は適用対象が狭いという問題がある。ここにノウハウ資本より広い概念である知的資本が提唱されたと考えられる。

1）　論文のタイトルにinnovationとbrandを含む文献も調査した。どちらの文献も1985年から2016年までの間に1万件以上の論文が執筆されていた。

図表1.3 スカンディア社の市場価値モデル

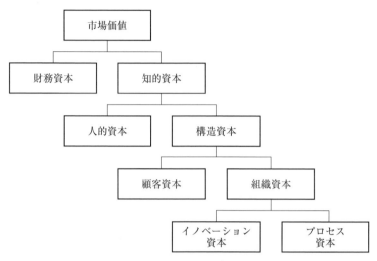

出典:Edvinsson and Malone (1997, p.52)。筆者訳。

　知的資本は Edvinsson and Malone (1997) によって提唱された。知的資本の構成要素は人的資本と構造資本で構成される。構造資本は，顧客資本と組織資本からなる。そして，組織資本はイノベーション資本とプロセス資本で構成されている (図表1.3)。

　人的資本は，個人の能力，知識，技術，そして従業員やマネジャーの経験などを含む概念である (Edvinsson and Malone, 1997, p.34)。従業員やマネジャーが企業を去るときに企業からなくなるものともいえる (MERITUM, 2002, p.10)。構造資本は人的資本を支援するインフラを指す(Edvinsson and Malone, 1997, p.35)。従業員が退社しても企業の中に残っている知識のことである (MERITUM, 2002, p.11)。組織資本は，組織を通じて知識の流れを加速するためのシステム，ツール，運営ポリシーなどへの投資であり，イノベーション資本は，新製品・サービスを生み出し，即座に市場へ提供す

る能力である（Edvinsson and Malone, 1997, pp. 35-36）。イノベーションの結果は，商標権，知的財産，他の無形資産の構築などとして現れる。プロセス資本は，業務プロセス，技術，従業員教育プログラムなどから構成される（同，p. 36）。構造資本には組織内部の組織資本以外に，組織外部の顧客資本と分類されている。

　知的資本[2]はその後，人的資本，構造資本，関係資本という要素で構成されるという理解が一般的になった。スカンディア社のモデルで取り扱われなかったのは関係資本である。関係資本は，顧客，サプライヤーまたはR&Dパートナーなど，企業外部との関係性に関連したものである（MERITUM, 2002, p. 11）。関係資本の例としては，イメージ，顧客のロイヤリティ，顧客満足度，サプライヤーとの関係などがあげられる（同，p. 11）。

2.2　インタンジブルズの伝統的研究と先進的研究

　インタンジブルズ研究は1990年代から増大したことが図表1.2から示唆された。それでは1990年代以降は，どのようなテーマでインタンジブルズの研究がなされてきたのであろうか。Veltri（2011）は，Chiucchi（2005）[3]の論文を引用し，知的資本報告書を研究対象の違いから伝統的（pioneering）研究と先進的（advanced）研究に分類している。2つのカテゴリーはインタ

---

2)　知的資本は，現在でも欧州や豪州の研究者をはじめとして，数多く用いられている用語である。知的資本が提唱された後，インタンジブルズという用語を専門用語として広めた研究者の1人にLevが挙げられる。Lev（2001）の著書はintangiblesというタイトルである。一方，本文中ではintangible assetsとintangiblesが互換的に用いられている。intangible assetsという用語はIAS38の無形資産の基準でも用いられているが，Levの著書では会計上オフバランスとして扱われる無形の資産まで議論を行っている。また，Kaplan and Norton（2004）やIttner（2008）は，会計学の認識範囲を超えた意味でintangible assetsの用語を用いている。このように，論者によってさまざまな用語がインタンジブルズを検討する際に用いられている。

第1章 インタンジブルズ研究の変遷と方向性

ンジブルズ研究の変遷を探るうえで有用であると考えられる。そこで，伝統的研究と先進的研究について検討する。

第1のカテゴリーである伝統的研究の目的は，貸借対照表上で認識されていないインタンジブルズの計上を目指すものである。伝統的研究は，オンバランスされている無形資産[4]を除くインタンジブルズを市場価値と簿価のギャップで説明できるという考えに基づいている。市場価値と簿価はともに特定時点で測定されるため，両者のギャップはストックとして「静的」なものと捉えられる。

伝統的研究の具体例として，Edvinsson and Malone(1997)やSveiby(1997)の研究が挙げられている（Veltri, 2011）。Edvinsson and Malone (1997) は，企業の非財務価値に加え，市場価値と簿価とのギャップはインタンジブルズであると主張する（Edvinsson and Malone, 1997, p. 51）。Sveiby（1997）の提唱したインタンジブルズ・モニターは図表1.4のとおりである。インタンジブルズについては，コンピタンス(ライン部門に従事する従業員の能力)，外部構造（顧客，サプライヤー），内部構造（スタッフ部門の従業員の能力），から構成されると捉えている。インタンジブルズ・モニターはインタンジブルズを測定する方法であり，複数の指標を示す形式となっている。Sveibyによると指標の選択は企業の戦略に依存するという。

一方，市場価値から簿価を差し引いたものをインタンジブルズと捉えるには，数々の問題点が指摘されている。問題点は，次の4つに整理できる。第1の問題点は，市場価値と簿価の差額をインタンジブルズとすると，業種に

---

3) Veltri（2011）の参考文献に，「Chiucchi, M. S. (2005), Measuring Intellectual Capital in Small and Medium Enterprises : The iGuzzini Illuminazione Case Study, *Paper Presented at the 1st EAISM Workshop on 'Visualizing, Measuring and Managing Intangibles and Intellectual Capital'*, October, pp.18-20, Ferrara.」が示されていたが，ワークショップの資料であると考えられ，入手できなかった。以降も，Chiucchi（2005）の言葉を引用した箇所があるが，Veltri（2011）の論文から引用したものである。

4) たとえば特許権，商標権などの無形資産がある。

図表1.4　インタンジブルズ・モニター

測定項目 関連指標	コンピタンス	外部構造	内部構造
成長／更新			
効率性			
持続性			

出典：Sveiby（1997）を元に作成。

よってインタンジブルズの割合が小さく[5]なる点である（古賀，2012）。第2
の問題点は，市場価値の変動によりインタンジブルズの値が変化する点であ
る（Upton，2001）。第3の問題点は，インタンジブルズから生じる価値は
組織の状況や戦略に依存する点である（Kaplan，2010）。現状の戦略とうま
く適合したインタンジブルズを構築していた企業が，新たな戦略を策定した
場合，インタンジブルズの価値は変化する。第4の問題点は，インタンジブ
ルズ同士の結びつきにより価値が変化する点である（Kaplan and Norton，
2004；Komnenic and Pokrajčić，2012）。インタンジブルズ個々の価値と複
合的なインタンジブルズの価値は異なる。

　上記の4つの批判は測定という観点からの問題と，マネジメントという観
点からの問題に分類できる。測定という点からは，第1の問題点である市場
価値と簿価の差額をインタンジブルズとすると，業種によってインタンジブ
ルズの割合が小さくなることと，第2の問題点である市場価値の変動により
インタンジブルズの値が変化する点が当てはまる。2つの問題点は，インタ
ンジブルズを金額で捉えにくいという貨幣による測定に関する限界を批判し
たものである。マネジメントという点からは第3の問題であるインタンジブ
ルズから生じる価値は組織の状況や戦略に依存する点と，第4の問題点であ

5）　古賀（2012，p. 37）が示した「企業価値に占める知的資産の割合—時価総額上位50
　　社」の図を見ると，インタンジブルズがマイナスの業種が存在する。

るインタンジブルズ同士の結びつきにより価値が変化する点が当てはまる。インタンジブルズを戦略と結びつけないかぎり企業価値の向上に結びつかず，インタンジブルズをいかにマネジメントしていくのかという論点につながらないという限界である。

第2のカテゴリーである先進的研究の目的は，インタンジブルズのマネジメントにある(Veltri, 2011)。すなわち，企業価値向上に貢献するバリュー・ドライバーのマネジメントが目的となる。バリュー・ドライバーのマネジメントのためには，インタンジブルズの相互作用を捉える必要があるため，価値創造プロセスの可視化が必要である。先進的研究が扱うインタンジブルズは，ストックだけでなくフローとしての「動的」なものを捉える必要がある。インタンジブルズをマネジメントするための尺度としては，フローの測定も重視される (Veltri, 2011)。

先進的研究の具体例として，デンマーク知的資本報告書ガイドライン[6](2000) や MERITUM (2002) が例示された (Veltri, 2011)。デンマーク知的資本報告書ガイドライン，MERITUM ガイドラインは，ともに価値創造プロセスが示されている。また，両ガイドラインにはインタンジブルズをマネジメントするためのフレームワークが提案されている。インタンジブルズのマネジメントについて管理会計研究者である Kaplan and Norton が 1992年に提唱した BSC の影響も両ガイドラインが受けていた可能性もある。

以上，本項ではインタンジブルズの研究に対する伝統的研究と先進的研究を検討した。伝統的研究と先進的研究の違いを図表1.5に示す。図表1.5で，インタンジブルズを測定する目的と，インタンジブルズをマネジメントする目的という2つの研究目的を比較した。インタンジブルズ研究の対象が先進的研究へと，研究の重点が移行した。研究課題の変遷は，研究領域に対する

---

6) デンマーク知的資本報告書ガイドラインは 2000 年に発行された A Guideline For In-tellectual Capital Statements: A Key to Knowledge Management と，2000 年版を改定した，Intellectual Capital Statements: The New Guideline が 2003 年に発行されている。

図表 1.5　伝統的研究と先進的研究の比較

研究のタイプ／比較項目	伝統的研究	先進的研究
インタンジブルズの概念	インタンジブルズは無形の資源の合計である	無形の資源のシステムとしてのインタンジブルズ
焦点	インタンジブルズを分類すること	インタンジブルズの分類／要素間の相互作用
主要な目的	簿価, 市場価値間の原因を説明すること	価値創造のための道を認識すること
インタンジブルズの基本単位	無形の資源	無形の活動
インタンジブルズの形態	静的	動的・静的
概念的前提	価値を測定すること	知識をマネジメントすること

出典：Veltri（2011, p. 10）を元に先進的研究：インタンジブルズの形態に静的を追加し作成。

重点の移行であると考えられる。

2.3　インタンジブルズ研究に関わる 3 つのステージ

インタンジブルズ研究の動向を 1980 年代から 2009 年まで調査した研究に, Petty and Guthrie（2000）, Guthrie et al.（2012）がある。2 本の文献はインタンジブルズに関する文献のメタ分析を行っているため, インタンジブルズの研究動向を知るうえで有用である。インタンジブルズの研究に関して Petty and Guthrie は, 1980 年代から 1990 年代までの文献を調査した。調査の結果, 1990 年代中盤までの研究を第 1 ステージ, それ以降を第 2 ステージと分類した。第 1 ステージとは, インタンジブルズとは何か, なぜインタンジブルズが重要なのか, どのような分野で研究がなされているのかに注目した研究である[7]。一方, 第 2 ステージでは, インタンジブルズをどのよう

42

第1章　インタンジブルズ研究の変遷と方向性

に捉えるのかに焦点を当ててきた[8]研究である（Petty and Guthrie, 2000）。

　第1ステージでは，インタンジブルズに関連する関心の増加に意識が向けられている。ここでの関心とは，さまざまな組織で何が起こっているのかという記述的なものであった（Petty and Guthrie, 2000）。Petty and Guthrie によればインタンジブルズは重要な何かであり，測定され管理されるべきであるものとして捉えられている。第2ステージでは，インタンジブルズを有すると企業の株価や市場に対していかなる影響を与えるのかという調査が始まった（Petty and Guthrie, 2000）。たとえば，年次報告書のコンテンツ分析（content analysis）や付加価値知的資本（VAIC）分析[9]のような研究が行われてきた（Dumay, 2014）。第1ステージで構築された仮説を第2ステージの研究によって検証するというものである。

　次に，Guthrie et al. (2012) は Petty and Guthrie の研究に基づいて 2000 年から 2009 年までの文献を用いてメタ分析を行った。分析に用いたジャーナル[10]から，2662 本の論文が抽出された。次にすべての論文のタイトルと要約を分析し，インタンジブルズに関連する論文を 423 本抽出した。分析の結果，インタンジブルズの研究に第3のステージあると主張した。第3ステージでは，実践におけるインタンジブルズの調査に焦点を合わせる（Guthrie

---

7)　原文では，インタンジブルズの「why, what, where」に焦点を合わせていたという表現が用いられている。

8)　原文では，インタンジブルズの「how」に焦点を当てていたという表現が用いられている。

9)　Pulic (1998) により提唱されたインタンジブルズと財務業績の関係を計量的に分析する手法。

10)　分析に用いた雑誌は，*Journal of Intellectual Capital, Journal of Human Resource Costing and Accounting, Accounting Auditing and Accountability Journal, European Accounting Review, Accounting Organizations and Society, Australian Accounting Review, Management Accounting Research, Accounting Forum, British Accounting Review, Critical Perspectives on Accounting* の 10 冊である。

et al., 2012)。近年のインタンジブルズ研究のアプローチの潮流は，特定の組織に焦点を当て，インタンジブルズのマネジメントの実践を明らかにすることであるといえる。

Petty and Guthrie（2000），Guthrie et al.（2012）では，インタンジブルズ研究のステージが3つ存在すると主張された。第1ステージは，インタンジブルズがなぜ重要であるのか，インタンジブルズとは何か，どのようなフレームワークで測定すべきかが議論されていた。本章の第1節，第2節で示したインタンジブルズにかかわる用語の多様性や理論の検討は第1ステージの領域である。

第2ステージは，第1ステージで提唱された理論を土台にフレームワークを構築し，理論に対する有効性の実証にあった。第2ステージでは，インタンジブルズと財務業績の関係を調査した研究者（Omila et al., 2011；Brown and Kimbrough, 2011；Volkov and Garanina, 2008；Maritan and Schnatterly, 2002），国別にインタンジブルズと財務業績の関係を調査したVAIC研究（Shiu, 2006；Chan, 2009；Zèghal and Maaloul, 2010；Komnenic and Pokrajčić, 2012），財務業績意外とインタンジブルズの関係を調査した研究（Moon and Kym, 2006；Ferreira, 2010；Steenkamp and Kashyap, 2010）など多様な研究が挙げられる。

第3ステージは，実践としてインタンジブルズがどのようにマネジメントされているのかを研究する。本研究では，特定組織をリサーチサイトとして実践の中でいかにインタンジブルズがマネジメントされているのかを明らかにする。

3　インタンジブルズ研究の対象

本節では，インタンジブルズ研究の対象を検討する。第1に，特定のジャーナルに関する広範な文献レビューを行った Dumay（2014）の論文を考察する。第2に，Marr et al.（2003）と Andriessen（2004）のインタンジブルズの測定目的を検討した伊藤（2014）をレビューする。

3.1　Dumay（2014）の研究

インタンジブルズ研究の対象を明らかにするうえで，Dumay（2014）の文献が参考になる。Dumay を検討する理由は，知的資本の唯一の研究雑誌である *Journal of Intellectual Capital*（*JIC*）に掲載されている 2013 年までのすべての論文を調査しており，広くインタンジブルズ研究の対象を検討しているためである。*JIC* は当初，創始者である Chase によりエメラルドで出版され，研究雑誌として刊行された。ABDC ジャーナルでは，JIC を会計の研究雑誌として位置づけている（Dumay, 2014）。

Dumay（2014）の研究の一つに，論文ごとのインタンジブルズ研究の目的を分類することがある。分類を通じて，どのような目的でインタンジブルズを研究しているのかが理解できる。図表 1.6 に調査結果を示した。図表 1.6 の合計をみると，マネジメントと戦略を目的としたインタンジブルズ研究の論文数が最も多く，全体の 43% を占めている。2 番目に多いものは外部報告で，27% を占める。3 番目に，業績測定目的の研究が多い。監査，アカウンタビリティ，ガバナンスを対象としたインタンジブルズの研究はほとんどなされていない。

JIC が 2000 年に刊行された点を考慮すれば，インタンジブルズ研究が外部報告のための測定目的から，マネジメント目的へと重点が移行したという

図表 1.6　インタンジブルズの研究内容

研究内容 ＼ 年代	2000 (%)	2001 (%)	2002 (%)	2003 (%)	2004 (%)	2005 (%)	2006 (%)	2007 (%)	2008 (%)	2009 (%)	2010 (%)	2011 (%)	2012 (%)	2013 (%)	合計 (%)
外部報告	13	10	12	15	13	32	29	40	34	33	23	34	52	29	27
監査	0	0	0	0	0	0	0	0	0	0	0	0	0	0	0
・アカウンタビリティ ・ガバナンス	0	0	0	9	0	3	0	0	0	0	3	0	0	0	1
・マネジメント ・戦略	58	67	73	47	50	41	41	25	29	39	47	34	21	40	43
業績測定	21	7	15	24	24	16	12	25	16	17	23	21	21	23	19
その他	8	17	0	6	13	8	18	10	21	11	3	10	7	9	10

出典：Dumay（2014，pp. 32-33）より作成。

前節の結論と整合する。また，Chase 自身も ABDC ジャーナルでの分類は
会計と位置づけられているが，*JIC* はマネジメントを志向した雑誌として出
版したと主張している（Dumay，2014）。

3.2　伊藤（2014）の研究

　伊藤（2014）は，Marr et al.（2003）と Andriessen（2004）の論文から，
インタンジブルズ研究の目的を調査した。Marr et al. は「インタンジブルズ
を測定する一貫した合理的ないし論理的な理由がないため混乱が生じる」と
して従来のインタンジブルズ研究に関する論文を批判している（Marr et al.，
2003，p. 442）。
　Marr et al.（2003）の文献では，ProQuest，Emerald，Infotrac，Ingenta，
Centre for Business Performance reference database というデータベースに
基づいて，インタンジブルズの測定に関わる 26 の用語でキーワードを検索
している。具体的には，知的資本や人的資本などインタンジブルズに関わる

第1章　インタンジブルズ研究の変遷と方向性

図表1.7　インタンジブルズの測定目的

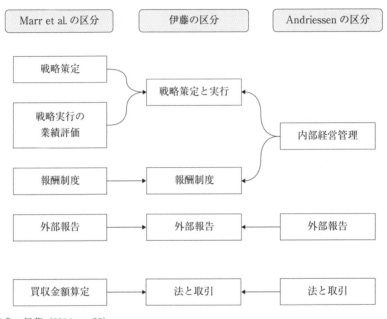

出典：伊藤（2014, p.58）。

用語，資源ベースや資源に関わる用語，業績や株価利回りなど尺度に関わる用語，その他としてコンピタンス，特許，研究開発などインタンジブルズに含まれる用語である。データベースを調査した結果84本の文献が選択された。

　Marr et al. と同様に，Andriessen（2004）はインタンジブルズの研究が測定手法にばかり目が向けられ，測定目的についてほとんど無視されてきたと批判し，研究目的の検討を行った。具体的には，インタンジブルズ研究に対して影響力のある論文7本を抽出し，そのうち4本以上の文献で引用されたものを対象とした。また，上記の抽出方法では捉えきれなかった，無形の資産の財務評価に関する文献を加えた。調査の結果37本の論文が選択された。

47

そして，37本の論文が最終的に3つの研究対象に分類された。

伊藤（2014）は，上記の論文で調査されたインタンジブルズの測定目的に基づいて，図表1.7のように整理した。第1の研究目的は，戦略策定と実行である。Andriessen（2004）が内部経営管理と区分したものに対応する。これは，Marr et al.（2003）の戦略策定と戦略実行の業績評価に該当する。第2の研究目的は，報酬制度である。第3の研究目的は，外部報告である。第4の研究目的は，法と取引である。

3.3　本研究で整理したインタンジブルズ研究の対象

3.1と3.2の先行研究を踏まえ，インタンジブルズの研究対象を図表1.8のように整理した。インタンジブルズ研究の対象には，主として戦略の策定と実行，報酬制度，オフバランスの外部報告，法と取引の4つが存在する。第1の研究対象は，伊藤（2014）と同様の用語を用いて戦略の策定と実行とする。Dumay（2014）は，戦略とマネジメントという2つの用語を用いたことから，Dumayのいう戦略とは戦略策定と解される。マネジメントについても，マネジメント・コントロールの目的が戦略実行にあるため，実行と

図表1.8　インタンジブルズ研究の対象

文献 研究対象	Dumay （2014）	伊藤 （2014）	本研究
1．戦略の策定と実行	○	○	○
2．報酬制度		○	○
3．外部報告*	○	○	○
4．法と取引	―	○	○

*本研究ではオフバランスの外部報告と呼ぶ。

出典：筆者作成。

いう言葉でまとめた。

第2の研究対象は，報酬制度である。インタンジブルズへの投資を促進するには，どのような業績評価指標を用いるべきかという課題が挙げられる。ROI 等の伝統的な財務指標のみで業績評価を行うと，将来への投資がなおざりにされる可能性がある。ROI を高めるためには分子である利益を増やす以外に，分母である投資を削減するという方法もあるからである。ROI を業績評価に用いると，当期の費用として計上される研究開発や将来の利益に繋がる投資などを行うインセンティブを削いでしまう可能性がある。戦略実行を支援するためにも，インタンジブルズは長期的な観点から構築が行われるべきであり，インタンジブルズへの投資を促すような業績評価システムを探求するという課題が存在する。

第3の研究対象は，オフバランスの外部報告である。外部報告だけでは，財務諸表による報告と区別できないためこのような表現を用いる。近年は財務指標と非財務指標を統合して開示する必要性を主張した統合報告のフレームワークが示された。統合報告書は，組織の戦略およびその戦略がどのように組織の短，中，長期の価値創造能力や資本の利用および資本への影響に関連するかについての洞察を提供するものである（IIRC，2013）。インタンジブルズ情報をいかに報告するのかという課題が存在する。

第4の研究対象は，法と取引である。第4の研究対象の大きな課題の一つに，企業買収の際，取引金額をいかに算定するのかがあげられる。買収を行う目的の一つは，被買収企業が有するインタンジブルズの獲得にあるが，インタンジブルズを貨幣評価するのは困難である。インタンジブルズは企業の戦略によって価値が変化するため買収企業と被買収企業の関係によって価値が異なる。したがって，買収金額の客観的な価値の測定が難しいと考えられる。このように法と取引では，買収金額の算定という課題が存在する。

インタンジブルズ研究の対象には4つの領域が存在することが明らかとなった。4つの研究対象の中で本研究では，第1の戦略の策定と実行に関わ

図表1.9 本章のまとめと本研究の対象

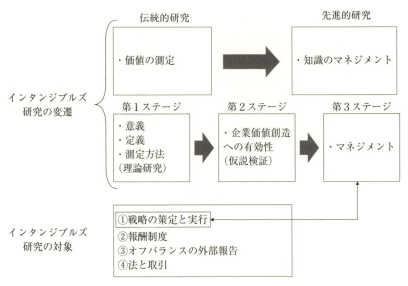

出典:筆者作成。

るインタンジブルズの課題を研究対象とする。戦略の策定と実行は,序章で検討した統合型マネジメント・システムのフレームワークによる研究が提案されている。統合型マネジメント・システムに従い,企業価値創造のためのインタンジブルズのマネジメントを検討する。

最後に本章の議論を図表1.9にまとめる。研究変遷については,インタンジブルズを伝統的研究と先進的研究に分類したVeltri(2011)と,第1ステージ,第2ステージ,第3ステージに分類した,Petty and Guthrie(2000),Guthrie et al.(2012)を検討した。第1ステージ,第2ステージの研究では,インタンジブルズの意義,定義,測定方法や仮説検証を中心に議論がなされていた。これらのステージは伝統的研究の範疇であると考えられる。先進的研究や第3ステージの研究では,インタンジブルズのマネジメントに焦点が

第1章　インタンジブルズ研究の変遷と方向性

絞られている。インタンジブルズ研究の対象では，戦略の策定と実行，報酬制度，オフバランスの外部報告，法と取引を明らかにした。本研究では，企業価値向上に最も影響を与える研究対象であると考えられる戦略の策定と実行に焦点を絞り，インタンジブルズのマネジメントを明らかにする。

まとめ

　本章では，インタンジブルズ研究の変遷を検討したうえでインタンジブルズ研究の対象と研究動向を明らかにすることが目的であった。研究目的を達成するために，インタンジブルズの研究変遷，研究対象に関連する文献をレビューした。

　第1に，研究変遷について，インタンジブルズ研究はいかに測定を行うのかという問題から，いかにマネジメントをすべきかに重点が移行した点を明らかにした。もちろん現在でもインタンジブルズの測定は重要な問題である。しかし，当初の測定目的は，主としてインタンジブルズを外部に開示するための問題であった。ほかにも，インタンジブルズ研究が，多様な分野でなされていることが示唆された。

　研究変遷については測定からマネジメントへ重点が移行した点に加え，研究内容が理論構築から実践段階へと変遷したことが示唆された。Petty and Guthrie（2000），Guthrie et al.（2012）は，理論構築を第1ステージの研究，仮説検証を第2ステージの研究，組織内でインタンジブルズがどのように活用されているのか明らかにすることを第3ステージの研究と呼んだ。本研究を進めるにあたっては，第3ステージを意識した研究を行う。すなわち実践としていかにインタンジブルズがマネジメントされているのかを検討する。そのうえで，インタンジブルズをいかにマネジメントすべきかを明らかにする。

51

第2に，インタンジブルズの研究対象を明らかにした。すなわち，戦略の策定と実行，報酬制度，オフバランスの外部報告，法と取引である。本研究の対象は，インタンジブルズと戦略の策定と実行である。戦略の策定と実行を対象とすることが，本研究の目的である企業価値創造を行ううえで最も有効であると考えられる。

第1章 インタンジブルズ研究の変遷と方向性

参考文献

Andriessen, D. (2001), Weightless Wealth : Four Modifications to Standard IC Theory, *Journal of Intellectual Capital*, Vol.2, No.3, pp.204-214.

Andriessen, D. (2004), IC Valuation and Measurement : Classifying the State of the Art, *Journal of Intellectual Capital*, Vol.5, No.2, pp.230-242.

Barney, J. B. (2002), *Gaining and Sustaining Competitive Advantage, Second Edition*, Prentice Hall (岡田正大訳 (2003)『企業戦略論上基本編』ダイヤモンド社).

Blair, M. M. and S. M. H. Wallman (2001), *Unseen Wealth : Report of the Brookings Task Force on Intangibles*, Brookings Institution Press (広瀬義州他訳 (2002)『ブランド価値入門：見えざる富の創造』中央経済社).

Bounfour, A. (2015), *The Management of Intangibles : The Organization's Most Valuable Assets*, Routledge.

Brown, N. C. and M. D. Kimbrough (2011), Intangible Investment and the Importance of Firm-Specific Factors in the Determination of Earnings, *Review of Accounting Studies*, Vol.16, No.3, pp.539-573.

Chan, K. H. (2009), Impact of Intellectual Capital on Organizational Performance : An Empirical Study of Companies in the Hang Seng Index (Part1), *The Learning Organization*, Vol.16, No.1, pp.4-21.

Chan, K. H. (2009), Impact of Intellectual Capital on Organizational Performance : An Empirical Study of Companies in the Hang Seng Index (Part2), *The Learning Organization*, Vol.16, No.1, pp.22-39.

Danish Agency for Trade and Industry, Ministry of Trade and Industry (2000), *A Guide for Intellectual Capital Statements : A Key to Knowledge Management*, Danish Agency for Trade and Industry, Ministry of Trade and Industry.

Dumay, J. (2014), 15 Years of the Journal of Intellectual Capital and Counting : A Manifesto for Transformational IC Research, *Journal of Intellectual Capital*, Vol.15, No.1, pp.2-37.

Edvinsson, L. and M. S. Malone (1997), *Intellectual Capital : Realizing Your Company's True Value by Finding its Hidden Brainpower*, New York : Harper Business (高橋透訳 (1999)『インテレクチュアル・キャピタル（知的資本：企業の知力を測るナレッジ・マネジメントの新財務指標)』日本能率協会マネジメント

53

センター).

Eythymios, G., D. Galani and S. Antonios (2010), Approaching Intangible Assets in the Current Greek Entrepreneurial Environment, *World Academy of Science, Engineering and Technology*, Vol.66, pp.964-969.

Ferreira, A. I. (2010), Construction and Factorial Validity of the Intellectual Capital Questionnaire, *Hellenic Journal of Psychology*, Vol.7, pp.124-140.

Guthrie, J., F. Ricceri and J. Dumay (2012), Reflections and Projections : A Decade of Intellectual Capital Accounting Research, *The British Accounting Review*, Vol.44, No.2, pp.68-82.

IIRC (2013), The International<IR>Framework, International Integrated Reporting Council (日本公認会計士協会訳 (2014)『国際統合報告フレームワーク日本語訳』).

Ittner, C. D. (2008), Does Measuring Intangibles for Management Purposes Improve Performance? A Review of the Evidence, *Accounting and Business Research*, Vol.38, No.3, pp.261-272.

Kaplan, R. S. (2010), Conceptual Foundations of the Balanced Scorecard, *Harvard Business School*, pp.1-36.

Kaplan, R. S. and D. P. Norton (2004), *Strategy Maps : Converting Intangible Assets into Tangible Outcomes*, Harvard Business School Press (櫻井通晴・伊藤和憲・長谷川惠一監訳 (2014)『戦略マップ [復刻版]：バランスト・スコアカードによる戦略策定・実行フレームワーク』東洋経済新報社).

Komnenic, B. and D. Pokrajčić (2012), Intellectual Capital and Corporate Performance of MNCs in Serbia, *Journal of Intellectual Capital*, Vol.13, No.1, pp.106-119.

Kristandl, G. and N. Bontis (2007), Constructing a Definition for Intangibles Using the Resource Based View of the Firm, *Management Decision*, Vol.45, No.9, pp. 1510-1524.

Lapointe, A. and Y. Cimon (2009), Leveraging Intangibles : How Firms Can Create Lasting Value, *Journal of Business Strategy*, Vol.30, No.5, pp.40-48.

Lev, B. (2001), *Intangibles : Management Measurement, and Reporting*, Brookings Institution Press (広瀬義州・桜井久勝監訳 (2002)『ブランドの経営と会計』東洋経済新報社).

Maritan, C. A. and K. Schnatterly (2002), Intangible Capital as Drivers of Value :

第1章　インタンジブルズ研究の変遷と方向性

Resources, Capabilities and Management Systems, *Academy of Management Proceedings*, BPS, pp.1–6.

Marr, B., D. Gray and A. Neely (2003), Why Do Firms Measure Their Intellectual Capital?, *Journal of Intellectual Capital*, Vol.4, No.4, pp.441–464.

MERITUM Project (2002), *Guideline for Managing and Reporting on Intangibles (Intellectual Capital Report)*, European Commission.

Moon, Y. J. and H. G. Kym (2006), A Model for the Value of Intellectual Capital, *Canadian Journal of Administrative Sciences*, Vol.23, No.3, pp.253–269.

Omila, J. C., P. C. Lorenzo and A. V. Liste (2011), The Power of Intangibles in High-profitability Firms, *Total Quality Management & Business Excellence*, Vol.22, No.1, pp.29–42.

Petty, R. and J. Guthrie (2000), Intellectual Capital Literature Review: Measurement, Reporting and Management, *Journal of Intellectual Capital*, Vol.1, No.2, pp. 155–176.

Pulic, A. (1998), Measuring the Performance of Intellectual Potential in Knowledge Economy, *The 2nd McMaster World Congress on Measuring and Managing Intellectual Capital by the Austrian Team for Intellectual Potential*, pp.1–20.

Shiu, H. J. (2006), The Application of the Value Added Intellectual Coefficient to Measure Corporate Performance: Evidence from Technological Firms, *International Journal of Management*, Vol.23, No.2, pp.356–365.

Steenkamp, N. and V. Kashyap (2010), Importance and Contribution of Intangible Assets: SME Manager's Perceptions, *Journal of Intellectual Capital*, Vol.11, No.3, pp.368–390.

Sveiby, K. E., E. Annell, S. Axelsson and S. Vikström (1989), *The Invisible Balance Sheet: Key Indicators for Accounting, Control and Valuation of Know-How Companies*, The Konrad Group.

Sveiby, K. E. (1997), *The New Organizational Wealth: Managing & Measuring Knowledge-Based Assets*, San Francisco: Berrett-Koehler Publishers.

Sveiby, K. E. (2010), Methods for Measuring Intangible Assets, http://www.sveiby.com/articles/IntangibleMethods.htm.

Upton, W. S. (2001), Business and Financial Reporting, Challenges from the New Economy, *FASB Special Report*, No.219.

Veltri, S. (2011), Is the Balanced Scorecard Appropriate to Measure Intangible Resources?, *The IUP Journal of Accounting Research & Audit Practices*, Vol.10, No.3, pp.7-24.

Volkov, D. and T. Garanina (2008), Value Creation in Russian Companies : The Role of Intangible Assets, *The Electronic Journal of Knowledge Management*, Vol.6, No.1, pp.63-74.

Zèghal, D. and A. Maaloul (2010), Analysing Value Added as an Indicator of Intellectual Capital and its Consequences on Company Performance, *Journal of Intellectual Capital*, Vol.11, No.1, pp.39-60.

伊藤和憲 (2007)『ケーススタディ戦略の管理会計：新たなマネジメント・システムの構築』中央経済社。

伊藤和憲 (2014)『BSC による戦略の策定と実行：事例で見るインタンジブルズのマネジメントと統合報告への管理会計の貢献』同文舘出版。

岩井克人 (2003)『会社はこれからどうなるのか』平凡社。

古賀智敏 (2012)『知的資産の会計（改訂増補版）：マネジメントと測定・開示』千倉書房。

櫻井通晴 (2012)『管理会計（第五版）』同文舘出版。

第2章
マネジメント・システムの統合度に関する研究
―海老名総合病院看護部を対象とした実証研究―

はじめに

　戦略は策定しただけでは意味がなく，いかに実行につなげていくのかが重要である。戦略が実現できない理由の一端として，戦略の策定ではなく戦略の実行に問題があると指摘されている（Kaplan and Norton, 2004）。策定した戦略を業務活動に落とし込んでいない点に問題があるという主張もみられる（Kaplan and Norton, 2008）。戦略の実行が行えなければ，戦略の策定段階でインタンジブルズの構築を目指したとしても無意味である。

　本研究がリサーチサイトとしている病院が属する医療業界では，戦略的な経営が強く求められるようになっており，現場への戦略浸透，努力促進，業績把握の必要性が高まっている（荒井，2016）。荒井は，戦略の重要性が増加した背景から，医療法人でも，バランスト・スコアカード(balanced score-card：BSC）の活用が重要になってきたと主張した。本研究のリサーチサイトである海老名総合病院ではBSCを戦略的マネジメント・システムとして導入している。

　海老名総合病院の概要について触れると，同病院はジャパンメディカルアライアンス（JMA）の傘下にある一組織である。JMAには同病院以外にも海老名メディカルプラザ，介護老人施設，東埼玉病院などの組織がある。さらに2016年度から座間総合病院を開設した。海老名総合病院は，神奈川県

の中央に位置する急性期病院である。急性期病院とは，緊急，重症な状態にある患者に対して入院・手術・検査など高度で専門的な医療を提供する病院である。同病院の病床数は469床（ほかに集中治療室10床，無菌治療室9床），職員数758名の病院（2017年11月時点）であり，2〜2.5次救急を担当している。

　海老名総合病院は，BSCを長期にわたって活用しており，活用プロセスを通じて，職員への戦略の浸透度合やコントロール・システムの活用方法に変化が生じてきている可能性がある。従来はトップの頭の中にあった戦略が，戦略マップを通じて可視化されたため，末端の職員まで戦略を理解できる土壌が形成されたためである。ほかにも戦略を浸透させる仕組みとして，スコアカードの進捗状況を報告するBSCレビュー[1]が存在し，全職員が自由に参加できる。さらに，海老名総合病院のホームページや院内情報，院長の講話などを通じて，職員が病院戦略を把握する機会が数多く存在する。

　本章の分析対象である海老名総合病院看護部では，病院全体の戦略を示したバランスト・スコアカードについて，部門BSC[2]を通じてカスケードを行った（伊藤，2014）。カスケードが適切に実践されていれば戦略実行が行える。カスケードを通じて，職員への戦略の浸透度や戦略修正の理解度も高まっていることが示唆される。

　海老名総合病院に関する従来の調査は，看護部の特定のケースを対象としており，看護部全体の職員の意識調査は行われてこなかった（関谷，2013；伊藤，2013；梅田・伊藤，2015）。戦略の浸透度や戦略修正の理解度といった，統合型マネジメント・システム導入に伴う要素を調査するには，組織全

---

1)　戦略の進捗度を報告する場。年2回スプリングレビューとオータムレビューが開催される。BSCレビューは4日間開催され，1日は病院BSCの進捗状況を報告し，3日間は部門BSCの進捗状況を報告する。BSCレビューでは，戦略修正や情報共有を行う。
2)　看護部では部門BSCとして業務計画関連図と呼ぶ戦略マップ上の戦略目標との関連を示した図を作成している。

第 2 章　マネジメント・システムの統合度に関する研究

体を対象とした研究が必要である。本章の目的は，看護部門を対象として，マネジメント・システムの統合度を検証するとともに，統合型マネジメント・システム構成要素間の関係性を明らかにすることである。研究にあたっては，アンケート調査を通じた実証研究とインタビュー調査を行う。

1　リサーチサイトにおけるマネジメント・システムの統合度

　海老名総合病院は，2010 年度に BSC を導入した。BSC 導入の背景の一つは，病院の多くが赤字に陥る中で，病院院長の内山氏（当時）が危機感を抱いていた点にある。病院経営を戦略的に行うために，戦略実行のマネジメント・システムとして BSC を導入した。BSC の運用を開始してから 5 年が経過し，その成果についてさまざまな報告がなされている。たとえば，関谷(2013)はアクションプログラムとカスケードの実態を調査した。伊藤(2013)は，病床利用率，平均在院日数などといったベット[3]コントロール機能の向上，業績の向上，現場へのカスケードの工夫などを明らかにした。また，梅田・伊藤（2015）はインターラクティブコントロールの実践を明らかにし，戦略の修正を実施するうえで生じた問題点などを検討している。

　BSC 導入による特定部門への効果が指摘されている一方で，戦略実行に関する未解決の課題もある。451 名の看護部職員は，統合型マネジメント・システムをどのような構成要素を持ったシステムとして捉えて，日々の業務を行っているのであろうか。また，戦略の策定と実行のマネジメント・システムである統合型マネジメント・システムを定着させるためには，戦略の浸透度の高い部署を特定し，その理由を明らかにすることには大きな意義があり，他部署にも戦略の浸透度を高めるうえで有益である。

---

3)　「ベッド」という表現が一般的である（明鏡国語辞典）。しかし，海老名総合病院では「ベット」という用語を用いているので，本研究ではこの用語で統一している。

本章では海老名総合病院の看護部全職員を対象にアンケート調査を行い，統合型マネジメント・システムの構成要素と要素間の関係を明らかにする。第2節では，先行研究に基づいて仮説の構築を行う。第3節では，全看護職員から得たアンケート調査結果に基づいて，マネジメント・システムの統合度に関する実証分析を通じて仮説の検証を行う。第4節では，看護部署を対象として，戦略修正の理解度に影響をおよぼす要素を明らかにする。さらに戦略の浸透度と戦略修正の理解度が高い部署を特定し，インタビュー調査を通じて戦略の浸透度が高い原因を明らかにする。最後に本章の発見事項をまとめる。

2 統合型マネジメント・システムの意義と下位組織への戦略浸透

本節では，本章の研究目的に関する先行研究をレビューし，仮説を構築する。第1に，統合型マネジメント・システムの先行研究をレビューする。第2に，組織の下位レベルへの戦略浸透に関する先行研究をレビューする。

2.1 統合型マネジメント・システムの先行研究

マネジメントコントロール・システムの構築に関して，戦略の策定と実行を別々に扱うべきではなく，両者を統合したマネジメント・システムを構築すべきであるという指摘がなされている。本項では，策定した戦略を実行するためのマネジメント・システムを提唱している先行研究として，Simons (1995) と Kaplan and Norton (2008) の研究を明らかにする。

第1に，Simons(1995)は4つのコントロール・レバーを考案した。Simons によれば，戦略を実現するには，4Pと称される戦略のタイプに応じたコントロール・レバーが必要であるという。計画 (plan) タイプの戦略には，重

要業績指標（key performance indicators：KPI）をモニタリングする診断的
コントロール・システムが適する。行動のパターン（pattern）タイプの戦
略には，戦略の不確実性に関して注意喚起を促すインターラクティブコント
ロール・システムが適する。ポジション（position）タイプの戦略には，リ
スクを回避するポジションをとるような境界システムが適する。最後に，パ
ースペクティブ（perspective）タイプの戦略には，組織で共有された中核的
価値観をコミュニケートする信条システムが適する。ただし，これら4つの
コントロール・レバーから最適な1つのコントロール・レバーを選択するの
ではない。戦略の強弱に合わせたコントロール・レバーの調節が肝要である。

　第2の研究は，Kaplan and Norton（2008）の循環型マネジメント・シス
テムである。Kaplan and Norton は，「戦略の構築」，「戦略の企画」，「アラ
インメント」，「業務の計画」，「実施」，「モニターと学習」，「検証と適応」と
いう7つのステップが循環するマネジメント・システムを提唱した。Kaplan
and Norton（2008）は，企業戦略と事業戦略を一貫させるためのアラインメ
ントを含めているが，本研究は事業戦略のみを扱うため，アラインメントは
考慮しない。循環型マネジメント・システムは，組織のトップによる戦略の
構築から始まる。策定された戦略は，戦略マップにより可視化される。そし
て，戦略マップに基づいて業務活動にまで落とし込まれる。最後に目標値と
実績値が比較され，業務活動の是正ないし，計画値そのものが見直される。
したがって，戦略の策定と実行までが統合されている必要がある。

　以上，先行研究から戦略と業務の統合型マネジメント・システムについて，
仮説を導くためのいくつかの知見が明らかとなった。第1に，Simons（1995）
の研究から，戦略策定とフィットするようにコントロール・レバーが設計さ
れている必要がある。第2に，Kaplan and Norton（2008）の研究から，戦
略の策定から実行までが統合している必要がある。要するに統合型マネジメ
ント・システムの構成要素が結びつきあって活動を行う必要がある。以上の
先行研究を踏まえて，以下の仮説を設定した。

H1　戦略の策定から実行のマネジメント・ステップは有機的に統合されなければならない。

2.2　下位組織への戦略浸透

　医療法人を対象とした BSC に関するアンケート調査はさまざまなアプローチで行われてきた。たとえば，複数の病院を対象とした調査(渡邊，2011；須藤ほか，2013)，1つの病院を対象とした調査（齊藤・中山，2014；渡邊，2014)，1つの病院の特定の部門を対象とした調査（福本ほか，2011；高野ほか，2011；須藤ほか，2014）などのレベルで行われてきた。

　特定組織を対象とした場合，戦略の浸透度は異なるのであろうか。戦略とは異なるが，Hofstede（1998）は，1つの組織に複数の文化（subculture）が存在する点を実証した。ほかにも，トラック製造工場3組織に関する組織風土の違いを調査した Joyce and Slocum（1984）の研究がある。彼らは，調査結果から組織風土の知覚に違いをもたらす要因として，個人的変数（勤続年数，経験，年齢)，組織的変数（物理的配置，リーダーシップ）が大きな影響を与えていると主張した。組織風土が下位レベルで差があるという結果は，戦略の浸透度にも違いがある可能性を示唆する。

　BSC の導入年数によっても，戦略の浸透度に違いが生じる傾向を示唆する研究がある。渡邊（2011）は職員の戦略意識および職員満足度に関する経年的なアンケート調査を実施している。調査対象は，BSC 導入が初期段階である病院（導入3年目）の職員と，成熟段階の病院（導入7年目）の職員である。調査の結果，BSC の活用が成熟段階にある場合，戦略意識尺度群および職員満足度尺度群の一部に統計的に有意な増加傾向が存在する点を確認した。調査結果から，中期的な組織戦略の策定，遂行，レビュー，および修正のサイクルを繰り返すことで組織学習が機能し，これが組織変革につながっていき，ようやく具体的な成果が発現するのではないかと推察した（渡

邊, 2011, p. 174)。

　高野ほか（2011）はBSCの活用を通じて病院組織の活性化が図れると主張した。高野ほかの論文で特徴的な点は，記述式の質問調査によって，看護管理者（役職者）の変化のみならず，部署の変化を整理していることである。BSCの活用を通じて，看護管理者として部署運営のビジョンを明らかにし，自分の言葉でスタッフに説明するなど，周囲へ積極的に働きかけるように変化した（高野ほか，2011, p. 115）。高野ほかは，看護部内の部署ごとに調査を行っており，BSC導入による部署内の変化が異なることを示した点に意義がある。ところが，調査範囲を看護部役職者に限定したため，一般職員への戦略の浸透度が明らかになっていないという課題がある。戦略の実行主体である末端の従業員にまで，戦略が浸透しているのかがはっきりしない。

　福本ほか（2011）は病院BSCのカスケードの効果について，2008年，2010年に同様の内容でアンケート調査を実施した。カスケードとは，戦略マップやスコアカードに記載された戦略目標等を下位組織に落とし込むことである。調査対象は，看護部役職者である。アンケートにより看護部役職者のBSCの浸透度や理解度を定量的に示している点で意義がある。ところが，2008年の調査と比較してカスケードが容易になった割合が4.5倍になったという結果に対して，なぜカスケードが容易になったのかは明らかにされていない。

　以上の先行研究を整理し，仮説を設定する。渡邊（2011）は職員全体への調査によって，職員に戦略を浸透させるにはBSCをただ導入するだけではうまくいかず，BSCの活用を成熟化させなければならないと結論づけた。また，高野ほか（2011）は看護部の役職者を対象にして組織の活性化を調査した。さらに，福本ほか（2011）は，経年調査により看護部の役職者のカスケード・レベルを測定したところ，BSCの活用が成熟化すると部署ごとに活性化が異なると主張した。したがって部署内の戦略の浸透度合いにより，統合型マネジメント・システムの構成要素である戦略修正に関する理解度が変化すると考えられる。そこで，以下の仮説を設定した。

H2　部署内での戦略浸透が高まれば，戦略修正の理解度が高まる。

3　マネジメント・システムの統合度に関する実証分析

　本節では，アンケート調査から得られたデータの分析を行う。第1に，本章で実施した質問調査の概要や，アンケート項目について検討する。そして，本調査で収集したデータの分析を行い，仮説 H1 を検証する。

　本章の分析対象である海老名総合病院看護部を対象とした質問票調査は，2015 年 8 月に実施した。調査にあたっては経営企画室の高野氏に依頼し，事前に作成した質問調査票を職員に配付した。看護師の職員数 451 名のうち，406 名から回答を得た（回収率 90.0％）。そのうち，1 つでも回答項目に欠損がある 13 名を除外した有効回答は 393 名であった。調査は記名式で実施した。また，所属部署の記述も依頼した。アンケート調査項目を図表 2.1 に示す。各質問の尺度は 5 点リッカート（1 の「全く知らない」から 5 の「よく知っている」）を設定した。なお，20 項目すべての平均値と標準偏差を算出し，天井効果と床効果がないことを確認した。

　本章の仮説を明らかにするためには，統合型マネジメント・システムの構成要素として，少なくとも戦略・業務・修正が網羅された質問票を作成する必要がある。「戦略の構築」は図表 2.1 の質問①から④で問うている。また，「業務計画」は⑤から⑦の質問と関連する。「業務修正」は⑧から⑪で質問している。「業績評価」は⑫と⑬である。最後に「戦略修正」は⑭から⑳と関連する。

　次に，探索的因子分析を行う。探索的因子分析は，最尤法，プロマックス回転を指定して分析した。分析結果を図表 2.1 に示す。図表 2.1 で示されたように，①～⑩，⑮～⑳，⑫と⑬という 3 つの因子がみつかった。クロンバックの α は，すべて 0.7 以上である。なお因子負荷量は 0.6 以上を太字とし

64

第2章　マネジメント・システムの統合度に関する研究

た。

①〜⑩は，組織のミッションやビジョンから，戦略が策定され，中期経営計画，短期経営計画，そして業務に落とし込まれる流れを示している。戦略から業務への一貫性の理解度を示していると考え，因子1は戦略の浸透度と名づけた。⑮〜⑳は，戦略の修正に関する項目である。戦略はトップの仮説であるため，現場とマネジャーがコミュニケーションを取り合い仮説の修正を行う。このような戦略修正を示すため，因子2は戦略修正の理解度と名づけた。最後に，因子3は業績評価と名づけた。海老名総合病院では，医師を除いて，個人の目標管理と業績を連動させているため，因子3の業績評価の因子が出てきたと考えられる。目標管理上で管理される項目は病院BSCから業務計画関連図へカスケードされて，各部署に落とし込まれる。最終的に各部署に所属する個人レベルで実行される。

因子1，因子2，因子3の関係は図表2.1の因子間相関行列に示した。いずれの因子間の関係も1％水準で有意である。

仮説H1を検証するために，抽出された3つの因子を用いて共分散構造分析を行う。3つの因子は戦略の策定，業績評価，戦略の修正という統合型マネジメント・システムの構成要素への理解度を示している。図表2.1の因子間相関で示されるように3つの要素が相互に影響しあっていると示唆される。そこで図表2.2のモデルを構築し，分析を行った。モデルの適合度を示す，GFIは0.895と0.9に近い値である。またCFIも0.967と0.9以上である。RMSEAは0.096と0.1以下となっている。したがってモデルの適合度は高い。

図表2.2の各因子の関係をみると，おのおのの因子に影響を与え合っていると示唆される。戦略の浸透度と業績評価の関係は標準化係数が0.57である。業績評価は，目標管理を通じて行われている。一方で，戦略は業務計画関連図を通じて，最終的に個人の目標にまでカスケードされている。他方，看護部では業務計画が目標管理と連動しており，業務計画の達成度によって

図表 2.1　アンケート項目，記述統計量，

① ミッション、バリュー、ビジョンを知っていますか
② ミッションやバリューで戦略や業務の行動を規定していることを知っていますか
③ 病院の戦略を知っていますか
④ 病院の中期計画を知っていますか
⑤ 中期計画の目標値を年度の事業計画に落とし込んでいることを知っていますか
⑥ 病院の戦略目標と部門の業務計画が関連していることを知っていますか
⑦ 部門の業務計画を個人目標へ落とし込んでいることを知っていますか
⑧ 部門の業務管理として PDCA を回していることを知っていますか
⑨ 部門目標値が未達のとき、アクションプランを見直すことを知っていますか
⑩ 目標値が高すぎて未達のとき、業務計画の目標値を修正することを知っていますか
⑪ 目標値の修正は半年ごとに行うことを知っていますか
⑫ 個人の業績評価によってその個人の賞与が増減することを知っていますか
⑬ 個人の業績評価によってその個人の昇格や降格に影響することを知っていますか
⑭ 病院の目標値が未達のとき、戦略が実現できないことを知っていますか
⑮ 病院の目標値が未達のとき、責任追及してはいけないことを知っていますか
⑯ 病院の目標値が未達のとき、原因をみんなで話し合っていることを知っていますか
⑰ 病院の目標値が未達のとき、目標値が違っている可能性があることを知っていますか
⑱ 病院の目標値が未達のとき、戦略目標が違っている可能性があることを知っていますか
⑲ 病院の目標値が未達のとき、戦略目標の因果関係が違っている可能性があることを知っていますか
⑳ 病院の目標値が未達のとき、戦略そのものが間違っている可能性があることを知っていますか

回転後の負荷平方和

因子間相関行列

Cronbach's α

***p＜0.01　最尤法，プロマックス回転後の因子パターン

出典：筆者作成。

因子負荷量と因子間相関行列

度数	平均値	標準偏差	I 戦略の浸透度	II 戦略修正の理解度	III 業績評価
393	2.303	1.2382	0.947	−0.031	−0.051
393	2.298	1.2799	0.995	−0.063	−0.069
393	2.504	1.2497	0.905	−0.002	−0.006
393	2.509	1.1997	0.899	0.001	−0.001
393	2.524	1.2577	0.877	0.028	0.025
393	2.718	1.309	0.823	−0.002	0.091
393	2.972	1.3061	0.68	0.004	0.192
393	2.483	1.3249	0.828	0.096	−0.023
393	2.567	1.2822	0.803	0.159	−0.07
393	2.707	1.2811	0.672	0.212	−0.001
393	3.267	1.318	0.129	0.152	0.535
393	3.766	1.1002	−0.064	−0.026	0.98
393	3.677	1.0903	−0.012	−0.004	0.945
393	3.069	1.2176	0.141	0.485	0.301
393	2.71	1.1483	0.105	0.696	0.067
393	2.781	1.1553	0.122	0.769	0.003
393	2.784	1.1278	−0.026	0.968	−0.002
393	2.746	1.1141	−0.014	1.004	−0.018
393	2.692	1.097	0.024	0.989	−0.042
393	2.725	1.1184	−0.014	0.997	−0.02
			11.791	11.125	7.737
			I	II	III
	I		—	0.736***	0.608***
	II		0.736***	—	0.677***
	III		0.608***	0.677***	—
			0.807	0.756	0.848

図表2.2　3因子間の関係[4]

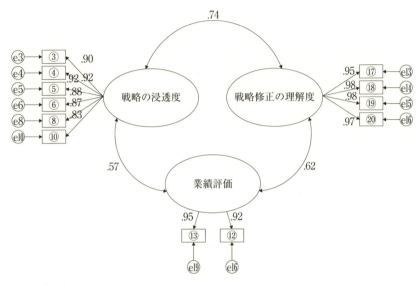

出典：筆者作成。

業績評価が行われている。したがって，戦略と業績評価に密接な関係があるため，相関が生じていることが示唆される。

次に，業績評価と戦略修正の理解度について，戦略の実行が行われた後に修正がなされる。現場職員にカスケードされた戦略目標を達成するためのアクションがとられると同時に，BSCレビューを通じて戦略目標自体の適切性も検証される。それが戦略修正の理解度を高めている。このことと，業績評価と戦略修正の理解度間の標準化係数が0.62である分析結果との間に矛盾はない。最後に，戦略の浸透度と戦略修正の理解度の標準化係数が0.74である[5]。戦略の浸透を通じて個々の職員が修正を考えるようになる一方，

---

4) モデルの適合度を高めるために測定変数①，②，⑦，⑨，⑮，⑯を削除した。

第2章　マネジメント・システムの統合度に関する研究

図表2.3　3因子間の有意確率

仮説経路			標準化係数
戦略の浸透度	＜－－＞	業績評価	0.568***
戦略修正の理解度	＜－－＞	業績評価	0.617***
戦略の浸透度	＜－－＞	戦略修正の理解度	0.737***

***p＜0.01
出典：筆者作成。

戦略の修正の理解が高まれば戦略も浸透しているという双方向の影響が示唆される。統計上の分析結果と両者との関係性に矛盾はない。

　図表2.3では，3因子間の有意確率を示している。すべての標準化係数[6]において1％水準で有意であることがわかる。図表2.2と図表2.3から，戦略の策定から実行のマネジメント・ステップは有機的に統合されなければならないという仮説が証明された。次節では，部署を対象とした分析を実施し，特徴的な部署へとインタビュー調査を行う。

4　部署レベルでみた戦略の浸透度と戦略修正の理解度

　本節では，部署内での戦略の浸透度と戦略修正の理解度の関係を検討する。第1に，看護部部署レベルにおける，戦略の浸透度・業績評価・戦略修正の理解度の関係性を検討する。また，クラスタ分析を通じて戦略の浸透度と，

---

5)　戦略の浸透を原因として戦略の修正が結果となると考えられるが，本章のデータは1期間のものであるため，相関関係を想定したものしかモデルが適合しなかったと考えられる。

6)　図表2.3の標準化係数は図表2.2で示したものと同一であるが，小数点第3位まで示している。図表2.2は第3位を四捨五入して表示している。

戦略修正の理解度が高い特徴的な部署の抽出を行う。第2に，インタビュー調査とインタビュー対象である手術室の概要を明らかにする。第3に，手術室の戦略の浸透度が高く実行に繋げられているのかについて，インタビュー調査を通じて明らかにする。

4.1 戦略修正の理解度に影響を与える要素

　本項では，仮説H2を証明するために，部署別データに基づいて回帰分析を行う。回帰分析によって戦略の浸透度と業績評価が戦略修正の理解度にどのような影響を及ぼしているのかを分析した。

　戦略の浸透度と業績評価を説明変数として，戦略修正の理解度を被説明変数に設定した。分析の結果を図表2.4に示す。図表2.4より，戦略の浸透度（1％水準で有意）が戦略修正の理解度に影響を及ぼしている点が理解できる。一方，業績評価は戦略修正の理解度に有意な影響を与えていないことが示唆された。モデルの適合度を示す決定係数 R^2 や調整済み R^2 も90％を超

図表2.4　部署をサンプルとした回帰分析の結果

戦略修正の理解度を被説明変数とする回帰分析

説明変数	被説明変数 β	戦略修正
戦略の浸透度	0.565	***
業績評価	0.308	
R^2	0.917	
Adj. R^2	0.902	
N	14	

注）β：標準回帰係数　***$p<0.01$
出典：筆者作成。

えており，当てはまりが大きい。以上より，H2 の部署内での戦略浸透が高まれば，戦略修正の理解度が高まるという仮説が証明できた。

ところで，戦略の浸透度と戦略修正の理解度は部署ごとに得点が異なっている。業績評価の因子については，海老名総合病院では，医師を除いて，個人の目標管理と業績を連動させており，すべての部署で平均が高い。業績評価の得点はすべての部署で高く部署ごとの差異の把握が難しいため今後の分析からは除外する。また，看護部全 14 部署のうち，ほとんどの職員が役職者で構成される看護室長室を除いた 13 部署の戦略の浸透度，戦略修正の理解度に関する比較を行う。具体的には，戦略の浸透度と戦略修正の理解度について，クラスタ分析を実施した。

図表 2.5 左に示すデンドログラムの横軸を 5 のラインを基準にクラスタに分けると，手術室と総合外来，X11，それ以外の部署の 3 つに分類できる。戦略の浸透度と戦略修正の理解度について，部署ごとに差があることが見られる。次に，クラスタ分析の結果から，横軸に戦略修正の理解度の因子を，縦軸に戦略の浸透度の因子を置いたマトリックスを図表 2.5 右に示した。図表 2.5 右では，グラフの右上が，戦略の浸透度かつ戦略修正を理解している職員が多い部署である。この部署に手術室と総合外来が位置している[7]。反対に左下に位置するクラスタの職員が多くいる部署は戦略の浸透度も戦略修正の理解度も低い値を示している。ここに X11 が位置している。そこで，次項では最も戦略に関する理解度が高い手術室に対してインタビュー調査を行い，戦略の浸透度と修正の理解度が高い理由を明らかにする。

---

7) 戦略の浸透度，戦略修正の理解度が高い 2 部署と低い 2 部署に統計的に有意な差があるのかを確認するためにクラスカル・ウォリスの H 検定も実施している。クラスタ分析で 4 つの部署の職員に限定したため，サンプル数は 138 である。このうち，戦略の浸透度かつ戦略修正の理解が高い値を示すサンプル数は 72 であり，もう一方の群は 66 である。H 検定の検定による分析の結果, 両部署の因子得点の差は 5 % 水準で有意となった。

図表 2.5 全部署のデンドログラム（左）とクラスタ分布（右）

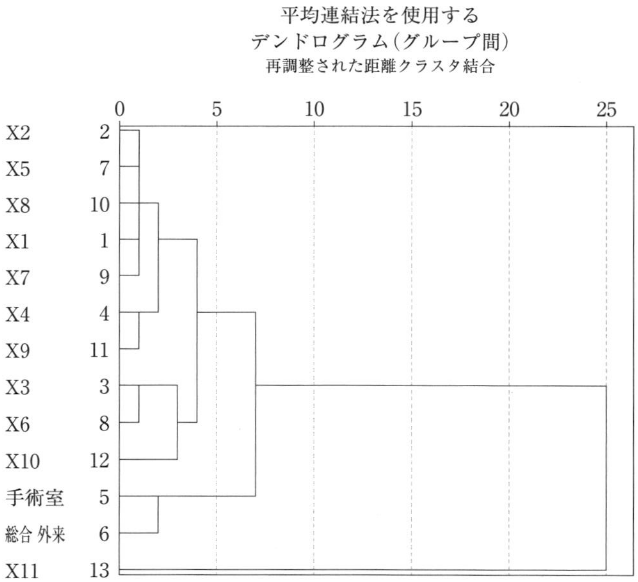

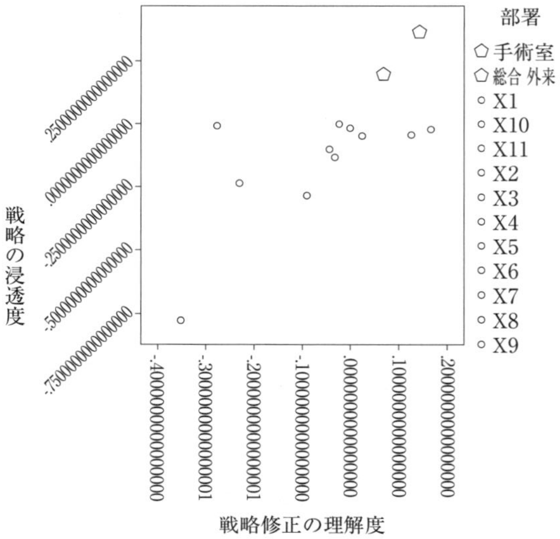

平均連結法を使用する
デンドログラム（グループ間）
再調整された距離クラスタ結合

出典：筆者作成。

4.2 インタビュー調査の概要と手術室の概要

インタビューを行うにあたり，第2節で検討したJoyce and Slocum（1984）の組織的要因（物理的配置，リーダーシップ）と個人的要因（勤続年数，経験，年齢）を参考に質問項目を作成した。手術室のインタビュイーは，看護部看護科長代理の舩山絵利子氏と，看護部手術看護認定看護師看護主任の永田美和氏に依頼した。実施時期は2015年12月25日の13時30分～14時40分である。調査に当たっては事前に質問票を送付し，半構造化されたインタビューを実施した。なお，インタビューは録音している。

手術室は，役職者3名（2名は2015年より役職者に昇進），一般職29名の32名で構成されている。一般職の6割は勤務歴1～3年の若手である。手術室で看護師が担う主な業務は，器械出しと外回りの2つである。器械出しとは，医師に対してメスなどの手術に必要な器具を渡す係である。また，胃の切除・腸の切除といった術式ごとに手術機器を事前に揃えたり，手術に合わせた室内の準備を行う。

一方外回りとは，手術の進行を把握・記録等の器械出し業務以外に関わるすべての手術補佐を行う。器械出しと外回りという2つの業務のうち，新人は主に器械出しを行うことが多い。外回りは多職種や外部との連携を図る必要があり，他部門との連携を円滑に行う必要があるためである。たとえば手術を行うにあたっては術式によって，外科，産婦人科，脳外科等多くの医師と共に業務を行う。他にも，レントゲン撮影，輸血検査を行う場合等，コメディカルとも関係が深い。このように，手術室は他部門と協働して仕事を行うという特徴がある。

4.3 帰属意識と他部署との関係性による価値観変革

　手術室で戦略の浸透度が高い要因はどこにあるのだろうか。手術室がBSCを導入したことで変化した点に，帰属意識と他部門との関係性の2つがあげられる。

　帰属意識について，一般に看護職は看護不足の病院が多く，流動性も高いため，帰属意識が低い傾向がある。帰属意識を高める一環として，手術室では一般職もBSCレビューに参加させている。BSCレビューにより，病院全体の戦略と自部署の業務との関わりについて，理解の促進につながる。

　他部署との関係性について，「たとえば自分の担当の診療科の先生の話を聞きたいとか，一緒に仕事をしている人の話を聞きたいという感じですかね。私たちでしたら臨床工学技士や歯科衛生士の話を聞きたいです」と回答した。BSCを通じてレビューの中で病院全体の戦略に手術室が関わっていると知ることで，職員に価値観の変革[8]が起きている可能性が示唆される。他部門との関係性について，他部門との連携が業務を円滑に行うために重要な要素となる。関係性構築のための取り組みの一つとして，病院戦略や部門目標の進捗度を報告するBSCレビューに必ず参加し，院長の報告を聞くことが業務命令となっていた。

　明示的に戦略と帰属意識や他部署との関連性を結びつけていないかもしれないが，結果としてBSCレビューに参加する促進要因となり，戦略の浸透

---

8) Mintzberg and Westley（1992）は，組織変革を行動レベルの変革と思考レベルの変革があると主張する。たとえば，行動レベルでは職員の業務のやり方や設備投資など，比較的容易に変化させられるものを示す。一方思考レベルでは組織文化やビジョンなど，個人の価値観にまで変革が及ぶものを指しており，時間はかかるが，強固な変革となる。本項の事例では思考レベルの組織変革を示す事例である。価値観変革を示唆する具体的な事例は第4章で検討する。

に貢献している点が示唆される。ほかにも，手術室特有の要因として，部署間の関係性が存在した。他部署や他部門と連携する必要性を手術室の看護師自らが感じ，自部署以外の関心が広がるため，BSC レビューへの参加が積極的になされる。また，BSC レビューでは病院戦略の議論が行われるため，病院の戦略に対する理解が深まることが示唆される。

まとめ

　本章では，先行研究に基づいて 2 つの仮説を設定した。第 1 の仮説は，戦略の策定から実行のマネジメント・ステップは有機的に統合されなければならないである。第 2 の仮説は，部署内での戦略浸透が高まれば，戦略修正の理解度が高まるというものである。検証の結果，これら 2 つの仮説は統計的に有意であった。また，手術室と総合外来の部署が戦略の意識が高いことがわかった。

　実証研究の結果を踏まえて，インタビュー調査を実施した。その対象として戦略の浸透と修正への理解が最も高い部署の一つである手術室を選択した。インタビューの結果，他部門との連携，職員が病院戦略に関わるという要素が戦略の浸透と修正への理解を促したことが示唆された。

参考文献

Hofstede, G. (1998), Identifying Organizational Subcultures : An Empirical Approach, *Journal of Management Studies*, Vol.35, No.1, pp.1-12.

Joyce, W. F. and J. W. Slocum Jr. (1984), Collective Climates : Agreement as a Basis for Defining Aggregate Climates in Organizations, *Academy of Management Journal*, Vol.27, No.4, pp.721-742.

Kaplan, R. S. and D. P. Norton (2004), *Strategy Maps : Converting Intangible Assets into Tangible Outcomes*, Harvard Business School Press（櫻井通晴・伊藤和憲・長谷川惠一監訳（2014）『戦略マップ［復刻版］：バランスト・スコアカードによる戦略策定・実行フレームワーク』東洋経済新報社).

Kaplan, R. S. and D. P. Norton (2008), *The Execution Premium, Linking Strategy to Operations for Corporate Advantage*, Harvard Business School Press（櫻井通晴・伊藤和憲監訳（2009）『戦略実行のプレミアム』東洋経済新報社).

Mintzberg, H. and F. Westley (1992), Cycles of Organizational Change, *Strategic Management Journal*, Vol.13, pp.39-59.

Simons, R. (1995), *Levers of Control : How Managers Use Innovative Control Systems to Drive Strategic Renewal*, Harvard Business Press（中村元一・黒田哲彦・浦島史惠訳（1998）『ハーバード流「21世紀経営」4つのコントロール・レバー』産能大学出版部).

荒井耕(2016)「効果を高める医療法人の BSC 実践」『企業会計』Vol.68, No.6, pp.129-133。

伊藤和憲（2013）「海老名総合病院の BSC 導入とカスケード」『医療バランスト・スコアカード研究』Vol.9, No.2, pp.75-84。

伊藤和憲（2014）『BSC による戦略の策定と実行：事例で見るインタンジブルズのマネジメントと統合報告への管理会計の貢献』同文舘出版。

梅田宙・伊藤和憲（2015）「海老名総合病院における戦略修正の研究」『医療バランスト・スコアカード研究』Vol.11, No.2, pp.81-92。

齊藤雅也・山中ひろみ（2014）「BSC による多職種協働の実践：関中央病院における NST,ICT 活動状況」『医療バランスト・スコアカード研究』Vol.11, No.1, pp.34-39。

須藤秀一・山本浩二・望月智行・亀井美和子・竹内与志夫・吉田二美子・真野俊

樹・塩田龍海・高橋憲二・佐藤英明（2013）「BSC活用の有用性に関する自治体病院と民間病院の比較調査分析」『医療バランスト・スコアカード研究』Vol.10, No.1, pp.53-58。

須藤秀一・山本浩二・望月智行・亀井美和子・竹内与志夫・吉田二美子・塩田龍海・高橋憲二・真野俊樹・佐藤英明（2014）「自治体病院における BSC の有効性と事務職の役割の重要性に関する研究」『医療バランスト・スコアカード研究』Vol.11, No.1, pp.105-111。

関谷浩行（2013）「特性要因図を活用した戦略のカスケード：医療機関でのアクションリサーチ」『医療バランスト・スコアカード研究』Vol.9, No.2, pp.85-94。

高野洋子・大橋直美・呉竹礼子・村中千栄子・奥野佐千子・中島すま子（2011）「バランスト・スコアカードの導入による組織の活性化」『医療バランスト・スコアカード研究』Vol.8, No.1, pp.108-116。

福本リツ・吉田千秋・阿部徳子・古木玲子（2011）「看護部における BSC 導入後の評価：看護部に連動させた部署別 BSC の2年後」『医療バランスト・スコアカード研究』Vol.8, No.1, pp.117-123。

渡邊直人（2011）「バランスト・スコアカード活用が職員の戦略意識および職員満足度の改善に与える効果」『医療バランスト・スコアカード研究』Vol.8, No.2, pp.172-177。

渡邊直人（2014）「戦略意識および心理要因が職員満足度に及ぼす影響：福井県済生会における事例」『医療バランスト・スコアカード研究』Vol.11, No.1, pp.83-91。

第3章
戦略の策定と形成
―インタンジブルズに基づく考察―

はじめに

　インタンジブルズは戦略と結びつけて管理しないかぎり価値を生み出さない（Kaplan and Norton, 2004, p. 38）という主張がある。インタンジブルズによる価値創造は戦略の巧拙に依存するといえる。同じ業界に属する企業であっても，戦略が異なれば構築すべきインタンジブルズも異なる。Kaplan（2010）は，異なる戦略をとる銀行を例にしてインタンジブルズを検討した。たとえば，ゴールドマンサックスのような伝統的な投資銀行は複雑な金融商品に関する知識や洗練された顧客に対する信頼性を構築する能力について価値がある。しかし，ゴールドマンサックスで働いた人と同じ知識，経験，能力をもつ人々は，業務の効率性，技術に基づいた訓練を重視する e トレードコムのような企業ではあまり価値がない。このように，インタンジブルズの価値はインタンジブルズが配置される組織，戦略，他の資産との関係に依存する（Kaplan, 2010）。したがって，インタンジブルズを研究するにあたり，戦略という概念が重要となる。

　一方で，戦略については論者ごとに多様な見解があり，意見の一致を見ていない。たとえば，青島・加藤（2012）は「経営戦略という言葉が指す意味は，一般的にはもちろんのこと，学者の間でも統一的ではない」と主張する（青島・加藤，2012, p. 9）。また，Mintzberg et al. は，戦略形成に関する学

派を 10 に分類したうえで各学派について論じている（Mintzberg et al., 1998, pp. 3-4）。

本章では，戦略論の中でインタンジブルズがいかに扱われてきたのかを明らかにする。第 1 節では，戦略研究のフレームワークを例示する。第 2 節では，戦略論の主要な研究成果を検討する。第 3 節では，前節で検討した戦略論とインタンジブルズの関係を検討する。第 4 節では，BSC の 4 つの視点とインタンジブルズの関係を明らかにする。そのうえで，4 つの視点に対応する戦略の考えとインタンジブルズの関係を明らかにする。最後に本章の発見事項をまとめる。

1　戦略研究のフレームワーク

戦略には，多様な見解が存在するため，戦略を整理するためのさまざまなフレームワークが提案されている。体系だったフレームワークを用いれば，本章の目的である戦略とインタンジブルズの関係を明らかにするのにも役立つと考えられる。そこで，本節では論者ごとのフレームワークを検討する。ここでは，Whittington（1996），Mintzberg et al.（1998），沼上（2009），青島・加藤（2012）を示す。

最初に，Whittington（1996, pp. 731-732）は，戦略論研究をプランニング，ポリシー，プロセス，実践としての戦略に分類した。プランニングでは，事業方針の決定を支援するツールや技術に焦点を合わせる。ポートフォリオ尺度，産業構造分析，コア・コンピタンスなどが主要な分析ツールである。ポリシーでは，組織的な買収の分析，多角化戦略，イノベーション，ジョイント・ベンチャー，国際化に関する研究がある。プロセスでは，組織が戦略的変革の必要性をどのように認識し，いかに戦略的変革を達成するのかを問題視する。実践としての戦略では，プロセス学派から多くの洞察を得ており

80

現場経営者階層まで立ち戻って，戦略をいかに「戦略化（strategize）」する
のかを考察する。

　戦略の定義について Mintzberg et al.（1998）は，戦略の 5P を示している。
すなわち，プラン（plan），プロイ（ploy），ポジション（position），パース
ペクティブ（perspective），そしてパターン（pattern）である。プランとは，
トップマネジメントや経営企画部署のスタッフ等が，企業がとるべき将来の
方向を決定することである。プロイとは，敵あるいは競争相手の裏をかこう
とする特別なはかりごとを指す。ポジションとは，特定市場における特定製
品の位置づけである。パースペクティブとは，企業の基本理念に関わるもの
である。パターンとは，一貫した行動パターンを示すものであり，当初想定
した計画に基づく行動パターンと，後から振り返ったときになされていた行
動パターンの 2 つが存在する（Mintzberg et al., 1998, pp. 9-14）。

　次に，沼上（2009）は，戦略を戦略計画，創発戦略，ポジショニング，経
営資源，ゲーム論的アプローチの 5 つに分類している（沼上，2009，pp. 6-
7）。5 つに分類したのは，議論の整理に役立つ実用性の高い分類図式の構築
を目指したためである（沼上，2009，p. 5）。沼上は 5 つのアプローチを 3 つ
の次元で分類した。3 つの次元とは，①事前の合理的設計重視 VS 事後の創
発重視，②市場ポジションの重視 VS 経営資源の重視，③安定的構造重視 VS
時間展開・相互作用・ダイナミクスの重視である（沼上，2009，p. 2）。

　最後に，青島・加藤（2012）は，企業の内と外の区別，要因とプロセスの
区別という 2 軸で戦略を分類した。企業の内と外とは，利益の源泉が企業内
部の能力にあるのか，それとも企業外部の構造にあるのかという分類である
（青島・加藤，2012，p. 3）。内の能力にせよ，外の構造にせよ，それらがど
のような要因によって自社に利益をもたらすのか，という点を明らかにする
のが要因に注目する研究である。それに対して，利益の源泉となる要因自体
がいかにして生み出されるのか，という点に焦点を当てるのがプロセスに注
目する戦略論である（青島・加藤，2012，p. 4）。これら 2 つの分類軸によっ

て，既存の経営戦略論は，ポジショニング・アプローチ，資源アプローチ，ゲーム・アプローチ，学習アプローチの4つに分類される。

　以上で見てきたように，戦略論の分野でも多様なフレームワークが存在する。フレームワークによって扱う戦略論も異なる。たとえば，Whittington（1996）は戦略の中に実践としての戦略を含めている一方，ゲーム論的アプローチには触れられていない。ほかにも青島・加藤（2012）では，戦略的計画を扱っていない。本章は，戦略に関連するフレームワークの議論が目的ではない。また，すべての戦略を網羅するのが本章の目的でもない。これまで提案されてきた戦略論の中で，インタンジブルズがどのように取り扱われてきたのかを問題視している。

2　戦略論研究の概要

　本章では，前節で検討した特定のフレームワークに基づいて戦略論の検討を行うのではなく，戦略をパターンとして捉え，意図した戦略と形成した戦略という2つの軸を用いる。この2軸を用いれば，前節で検討した多くの戦略論を含められる。そこで，意図した戦略と形成した戦略の2軸に基づいて戦略論研究の概要を検討する。最初に意図した戦略に分類されるAnsoffの多角化戦略，Porterのポジショニング戦略，Prahalad and Hamelのコア・コンピタンス，Stalk et al.のケイパビリティ，Barneyの資源ベースの戦略論，Brandenburger and Nalebuffのゲーム論的アプローチを検討する。次に，形成した戦略として，Mintzbergの創発戦略を検討する。

2.1　多角化戦略

　経営戦略が概念として体系化され，一つの研究領域とされ始めたのは，

第3章　戦略の策定と形成

図表3.1　成長ベクトルの構成要素

ニーズ ＼ 製品	現製品	新製品
現市場のニーズ	市場浸透	製品開発
新市場のニーズ	市場開拓	多角化

出典：Ansoff（1965，p. 109）。筆者訳。

1960年代初頭からとされる（吉村，2006，p. 3）。1960年代における戦略論の研究者の1人にAnsoffがあげられる。Ansoff（1965）は，戦略的意思決定を①企業の事業に対して広範な概念を提供し，②企業が新しい機会を探索するための個別的なガイドラインを設定し，③企業の選択の過程を最も魅力的な機会だけに絞るような意思決定ルールによって企業の目標の役割を補足するものと定義している（Ansoff，1965，p. 104）。

　戦略的意思決定に関する問題は，自発的にトップマネジメントの関心にのぼってくるようなものではない（Ansoff，1965，p. 9）。既存事業の収益性が低下したり，企業目標が達成できないと思われる場合に戦略的意思決定が行われる。Ansoff（1965）は，企業目標については，多様な種類があると主張するが，著書の中では特に資本利益率を重視している。目標とする資本利益率が既存事業だけでは達成できない事態が明らかとなった場合に，拡大化戦略ないし多角化戦略をとると主張する。2種類の戦略は，製品ラインと市場ニーズの2つの軸で示される（図表3.1）。

　Ansoffは，拡大化戦略と多角化戦略という企業が進むべき方向を成長ベクトルと呼んだ。拡大化戦略は市場浸透，市場開拓，製品開発の3つがある。市場浸透とは，既存の製品—市場のニーズから逸脱せずに，売上増を図る戦略である。市場開拓とは，既存の製品ラインを新しい市場のニーズに適用する戦略である。製品開発とは，現在の市場のニーズを維持し，さらにそのパフォーマンスを改善するような，今までとは異なる特性を備えた製品を開発

83

する戦略である。市場浸透，市場開拓，製品開発に対し多角化とは，現在の製品ラインと市場のニーズから同時に離れる戦略である。

多角化戦略を行う理由については，財務的な理由と，企業に柔軟性を与えるためという2つに分けられる。財務面については4つの理由が説明されている（Ansoff，1965，pp. 129-130）。すなわち，①拡大化によって規定されている製品—市場分野の範囲内では，財務目標を達成できそうにないとき，②魅力的な拡大化の機会がまだ存在し，過去の目標が達成されているとしても，自社の資金が拡大化に必要な金額を上まわっているとき，③現在の目標を達成できるとしても，多角化の機会の方が，拡大化の機会よりも大きな収益性を約束してくれるとき，④拡大化と多角化との決定的な対比ができるほど入手した情報に信頼性がおけないとき，である。他方，柔軟性の理由については，1つの製品—市場分野で競争を行っている際，業界全体が収益性の低下に直面したときのリスクを回避するためであると主張している。

多角化戦略を提唱した Ansoff の貢献は外部市場に着目した点にある。外部市場で既存事業の拡大化を図るのであれば，市場浸透，市場開拓，製品開発とした。また，新市場と新製品を同時に追求する場合は多角化を行うとした。外部市場を捉えたうえで組織の進むべき方向を検討した点に意義があると考えられる。

多角化戦略が推進されるようになると，買収などで獲得した複数の企業を，いかに管理していくのかが問題となる。この問題を解決するために，ボストンコンサルティンググループは，プロダクトポートフォリオマネジメント（product portfolio management：PPM）を開発した。PPM では，市場成長性と相対的シェアという2軸を取り，事業ごとに分類を行う。分類単位の一つには，製品，市場，競争の3つの要因によって定義（櫻井，2012，p. 551）される戦略的事業単位（strategic business unit：SBU）がある。戦略的事業単位を PPM のフレームワークに従って分類することで，自社の稼ぎ頭や成長機会の大きな事業などを明らかにできる。

2.2 ポジショニング戦略

　続いてポジショニング戦略を検討する。沼上（2009）は，トップからの計画とボトムからの創発という対立軸とは別に，主として経済学（産業組織論）の影響を強く受けて，どのような事業環境が利益を出しやすく，どのような事業環境が利益を出しにくいのかを明らかにする研究が1970年代から始まったと述べた。この種の戦略思考はPorterの『競争の戦略』（1980）が出版されてから広く普及し，1980年代に支配的な地位を獲得した（沼上，2009，p. 10）。

　戦略論の研究者として著名なPorterは，戦略と業務の効率化との違いを明らかにして，戦略の考えを明確にしている。すなわち，業務の効率化とは，同様の業務活動をライバルよりもうまく遂行することであり，戦略的ポジショニングとは，ライバルとは違う活動を行うか，同様の活動を違う方法で行うことであると主張する。そのうえで戦略とは，他社とは違う一連の業務活動を伴った，独特の価値の大きいポジションの創造にあると定義した（Porter，1996）。

　市場ごとの収益性はどのような要素で異なるのだろうか。Porterは，企業によって収益性が異なる理由を経済構造という外部環境と企業のポジションに依存すると主張した（Porter，1985，p. 2）。Porterの主張する経済構造は，5つの競争要因によって決定される。すなわち，新規参入の脅威，サプライヤーの競争力，顧客の交渉力，代替品・代替サービスの脅威，既存産業内での争いである。そして，戦略担当者の役割は，競争要因を考慮したうえで，最適なポジションの構築にある。Porterの研究によって，なぜ収益性の高い市場と低い市場があるのかという理由の一端を説明する理論が精緻化された。

　競争要因を分析したとしても，企業はどのような戦略を築けばよいのであろうか。Porter（1985）によると，競争優位というものは，企業が買い手の

図表3.2　3つの基本戦略

戦略ターゲットの幅	競争優位	
	他社より低いコスト	差別化
広いターゲット	1．コスト・リーダーシップ	2．差別化
狭いターゲット	3A. コスト集中	3B. 差別化集中

出典：Porter（1985, p. 12）。筆者訳。

ためにつくり出す価値（バリュー）から生まれてくるという。そして，価値をつくり出すのに要したコスト以上の価値を顧客に提供できなければならない。価値は，買い手が喜んでカネを払ってくれるものであり，他社より優れた価値というのは，同等の便益を他社より安い価格で提供するか，あるいは，他社より高い価格だったらそれを相殺できるほどの比類のない便益を提供するかのどちらかである（Porter, 1985, p. 3）。2つの競争優位のタイプが，それを達成するために選ばれる行動の種類（幅）と結びついて，業界で平均以上の業績を達成するための3つの基本戦略が考えられる（図表3.2）。すなわち，①コスト・リーダーシップ，②差別化，③集中化である（Porter, 1985, p. 11）。

基本戦略のそれぞれは，競争優位を得るために，根本的に違う道を歩む。競争優位を達成するための戦略ターゲットの幅を広くするか狭くするか，どのタイプの競争優位を選ぶかによって，たどる道が変わる。コスト・リーダーシップと差別化戦略は，業界内のセグメントを広く取って，そこで競争優位を確保しようとする一方，集中化戦略は，狭いセグメントにおいてコスト

優位（コスト集中）か差別化（差別化集中）を狙うものである（Porter, 1985, p. 11）。

競争戦略の核として，Magretta（2011）は，特徴ある価値提案と特別に調整されたバリューチェーンの2点を主張した。第1の特徴ある価値提案について，価値を最終的に定義するのは顧客であるとしている（Magretta, 2011, p. 30）。したがって，顧客に対して特徴のある価値提案が戦略上重要となる。対象とする顧客層や特定のニーズを決定するうえで，5つの競争要因の分析を用いる。競争要因の分析を通じて，自社が対象とする顧客層の決定はもちろんのこと，どの顧客層を対象にしないかという判断も行われる。

対象とする顧客が決定したら，いかにして価値提案を行うのかを考えなければならない。価値提案を具体的に実行する仕組みを，競争戦略の第2の核である特別に調整されたバリューチェーンと呼ぶ（Magretta, 2011）。Porter（1996）は，バリューチェーンを企業独自の一連の活動と呼び，戦略の差別化はここから生じると主張している。外部の視点（顧客の視点）で有利なポジションを築くだけでなく，価値提案のための業務プロセスが構築されていなければならない。

最後にPorterの貢献を2点述べる。第1の貢献は，産業組織論の立場から外部市場の競争要因を分析するための具体的手法を提示した点である。外部市場の競争の激しさの程度が5つの競争要因によって決定されると主張した。どの市場に進出すれば収益性が高いのか，どのような変化が起これば競争が激しくなるのかなどの分析フレームワークを提示している。第2の貢献は，戦略を基本戦略という3点に分類した点である。すなわち，コスト・リーダーシップ，差別化，集中化である。3点のポジショニング分類により，自社がとるべき戦略を選択できるようになった。

2.3 コア・コンピタンスとケイパビリティ

　日本企業が躍進を続けていた 1980 年代には，どのような理由で高い収益力が得られるのかという研究が行われてきた。Prahalad and Hamel（1990）は，日本企業の競争優位の源泉をコア・コンピタンスによるものであると主張した。コア・コンピタンスとは，目に見える製品や戦略的事業単位ではなく，その背後にある知識・行動の体系である（沼上，2009，p. 77）。Prahalad and Hamel（1990）は戦略的事業単位や製品ごとに独立して事業を行う組織構造に警鐘をならし，組織全体で構築されるコア・コンピタンスに関連づけて製品を製造すべきと主張する。そして，多角化を外部市場の魅力で判断するのではなく，コア・コンピタンスとの関連性によって判断すべきであると考えた。

　多角化企業について，Prahalad and Hamel はコア・コンピタンスを大樹にたとえて説明している。すなわち，幹と大きな枝は「コア製品[1]」であり，小枝は事業単位，そして葉や花，果実は「最終製品」である。そして，成長や生命維持に必要な養分を提供し，安定をもたらす根系（root system）がコア・コンピタンスである（Prahalad and Hamel，1990，p. 81）。以上のイメージを図表 3.3 に示す。

　Prahalad and Hamel は，自社のコア・コンピタンスを特定するには，すくなくとも 3 つの条件について吟味しなければならないとしている。第 1 に，コア・コンピタンスは広範かつ多様な市場へ参入する可能性をもたらすものでなければならない。第 2 に，最終製品が顧客にもたらす価値に貢献するものでなければならない。第 3 に，ライバルにとって模倣するのが難しいものでなければならないのである（Prahalad and Hamel，1990）。

1）　コア製品とは，コア・コンピタンスが実体化したものである（Prahalad and Hamel，1990，p. 82）。

図表3.3 コンピタンスと最終製品の関係

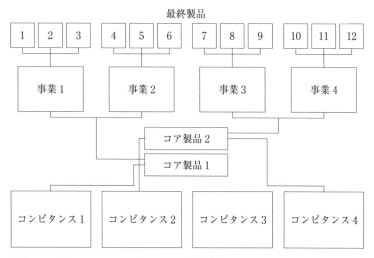

出典：Prahalad and Hamel（1990, p.81）。筆者訳。

　コア・コンピタンスは企業内部の特定の資源を競争優位の源泉と捉えている。コア・コンピタンスの概念が提唱された頃に，企業内部のビジネスプロセスを重視するケイパビリティとよばれる概念が Stalk et al.（1992）によって提案された。ケイパビリティ戦略では，企業内部のビジネスプロセスに焦点を当てる必要性を主張した。Stalk et al. は，ケイパビリティ戦略の原則として，以下の4点を指摘した。第1に，企業戦略を構成する要素は，製品や市場ではなく，ビジネスプロセスである。第2に，主要なビジネスプロセスを，他社に勝る価値を継続的に顧客に提供できるような戦略的ケイパビリティへ転化することが，競争の勝敗を左右する。第3に，戦略的事業単位と職能部門を結びつける一方，双方の力をこれまでの限界を超えて引き出すためにインフラへの投資を戦略的に行い，戦略的ケイパビリティを構築する。第4に，ケイパビリティは必然的に複数の職能部門にまたがるため，ケイパ

ビリティ戦略を推進するのは CEO である。

コア・コンピタンスとケイパビリティは以下の相違点が指摘されている。Barney（2002）によると，ケイパビリティは企業が有する資源同士を組み合わせたり，活用したりすることを可能にする内部の企業属性のみを意味するのに対し，コア・コンピタンスは，経営者が企業の多角化戦略を策定したり実行したりする場合に限られていると主張する（Barney, 2002, p. 157）。つまり，企業のビジネスプロセスを重視するのがケイパビリティであるのに対して，コア・コンピタンスは，企業が有する中核的な強みであり，多角化した企業が共通して活用するものである。

以上コア・コンピタンスとケイパビリティについて検討した。両者は，企業内部の技術や内部プロセス等を競争優位の源泉として捉えていると理解できる。企業内部に焦点を当てた理由の一つには，Porter が提唱した競争戦略が，主として産業構造という企業外部に注目して戦略論を構築した点に対する反動であった可能性がある。

最後に，コア・コンピタンスやケイパビリティの貢献について 2 点指摘したい。第 1 の貢献は，多角化の意思決定をするうえで，新事業の収益性ではなく，自社のコア・コンピタンスとの関係性を重要視した点である。戦略的事業単位は，独立して事業を行っているのではなく，企業内部のコア・コンピタンスを活用し，最終製品の製造・販売を行っている。第 2 の貢献は，ケイパビリティという概念により，企業のビジネスプロセスの構築度合いによって，競争優位の源泉になると指摘した点である。コア・コンピタンスとケイパビリティは企業内部の資源が戦略策定にとって重要であると主張した点に最大の意義がある。

2.4 資源ベースの戦略論

前項で検討したコア・コンピタンスやケイパビリティに対するより広い概

念としてリソース・ベースト・ビュー（resource based view：RBV）が提唱
された。青島・加藤（2012）は1990年代を中心に注目されたコア・コンピ
タンス経営や知識経営といわれるものも，広義では，資源アプローチの範疇
にあるものと考えて差し支えない（青島・加藤，2012，p. 69）と主張する。
RBVは，企業内部の強みや弱みとなる資源を企業外部の機会や脅威との対
応を通じて，競争優位の構築を目指した考えである。RBVと呼ばれるフレ
ームワークは，少数の企業しか有しておらず，複製に多額の費用がかかるリ
ソース（経営資源）に着目する（Barney，2002，p. 155）。

　RBVは，企業を異なる有形無形の資産と経営資源の集合体と考える（Collis
and Montgomery，1995）。Collis and Montgomery（1995）は，経営資源が
効果的な戦略の基礎として資格を有しているのかをテストする方法として，5
つの問に答えることであると提案している。第1に，模倣不可能性のテスト
であり，経営資源は模倣しにくいものかという問いである。第2に，耐久性
のテストであり，経営資源はどのくらい早く市場価値を失うかという問いで
ある。第3に，専有可能性のテストであり，経営資源が創造する価値を手に
するのは誰か[2]という問いである。第4に代用可能性のテストであり，独特
な経営資源は相異なる資源に負かされるかという問いである。第5に，競争
上における優秀性のテストは，本当に勝っているのはどの企業の経営資源か
という問いである。第5のテストは，往々にして自社の経営資源が過大評価
されてしまうという問題点に触れている。

　以上，5つの基準を満たした資源に基づいて，戦略をプランニングすべき
である。このような資源の中で，もっとも重要なものはたいてい無形であり，
それゆえ組織文化，技術，変革リーダーといったいわゆる「ソフト資産」に
注目したアプローチが重要になってくる（Collis and Montgomery，1995）。

　一方，Barney（2002）は，VRIOフレームワーク（VRIO framework）と

---

2)　たとえば企業に所属する従業員の能力が競争優位の源泉であれば，その能力を有する
　従業員が価値を専有する。

呼ばれる分析フレームワークを提案した。VRIO フレームワークは，企業の従事する活動に関して発すべき4つの問いによって構成されている。第1の経済価値（value）に関しては，企業が保有する経営資源[3]は，外部環境における脅威や機会に適応することを可能にするかという問いである（Barney, 2002, p. 160）。第2の希少性（rarity）に関しては，どのくらい多くの競合他社が，特定の価値を有する経営資源をすでに保有しているかという問いである（Barney, 2002, p. 162）。第3の模倣困難性（imitability）に関しては，ある経営資源を保有していない企業はその獲得に際し，その経営資源をすでに保有する企業に比べてコスト上不利であるかという問いである（Barney, 2002, p. 164）。最後に，組織（organization）に関しては，経営資源という競争力をもつ潜在的能力を存分に発揮するように自社は組織されているかという問いである（Barney, 2002, p. 171）。

　最後に資源ベースの戦略論の貢献を2点指摘する。第1の貢献は，企業の競争優位の源泉となる資源を特定する方法を提示した点にある。VRIO フレームワークに基づいて，企業内部の資源を発見するアプローチを示した。第2の貢献は，コア・コンピタンスやケイパビリティよりも広い概念を提示することで，企業内部の資源が競争優位の源泉になると主張した点である。

2.5　ゲーム論的アプローチ

　ゲーム論的アプローチが経営戦略の領域で重要な役割を果たし始めたのは，1990年代半ば以降である（沼上，2009, p. 92）。ゲーム理論を簡単に言い直すならば，相手の出方を読みながら，相互の『打ち手』の成り行きとそれが業界全体にもたらす変化を予想するという思考法を使っていることであ

3）　引用元は「資源やケイパビリティ」と書かれているが「資源という語とケイパビリティという語は同義語として扱う」（Barney, 2002, p. 157）という指摘があるため，経営資源だけを記述している。

る（同，p. 94）。ゲーム理論について青島・加藤（2012）は，ゲーム論的アプローチでは，利益の源泉である「外」の環境を所与とせず，むしろそれに自ら積極的に働きかけ，利益を得るのに都合の良い構造を作り出そうとする（青島・加藤，2012，p. 95）と表現している。それでは，ゲーム理論でいう相手や外とは具体的に誰をイメージしているのであろうか。

　ゲーム理論の前提に基づいて，Brandenburger and Nalebuff（1997）は，4つのプレイヤーを図表3.4の価値相関図と呼ばれる図で説明した。プレイヤーは顧客，生産要素の供給者，競争相手，そして補完的生産者の4つに分類できる。Brandenburger and Nalebuff は補完的生産者について「自分以外のプレイヤーの製品を顧客が所有したときに，それを所有していないときよりも自社製品を使用する顧客にとっての価値が増加する場合, そのプレイヤー」が補完的生産者であると定義している（Brandenburger and Nalebuff, 1997, 訳，p. 41）。たとえば，マイクロソフト社にとってインテル社は補完的生産者になる。インテル社が処理能力の高いCPUを開発すれば，マイクロソフ

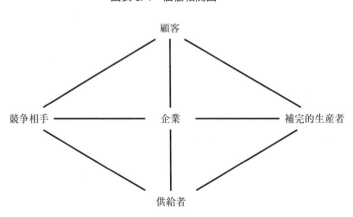

図表3.4　価値相関図

出典：Brandenburger and Nalebuff（1997：嶋津・東田訳，2003，p. 41）。

ト社はより性能の高いソフトウェアの販売を促進できるためである。

　ビジネスは「パイ」をつくり出すときには協力し，その「パイ」を分ける
ときに競争する(Brandenburger and Nalebuff, 1997, 訳, p. 15)。競争(com-
petition) と協調 (corporation) を合わせてコーペティション (co-opetition)
と呼ぶ。図表3.4の垂直軸では，顧客と供給者は協力しあう場合もあれば，
競争状態となる場合もある。図表3.4の水平軸についても競争相手，補完的
生産者ともに競争状況にも協力状況にもなりえる。つまり，すべての関係に
は二重性が存在し，協調と競争の両方の側面がある (同, 1997, 訳, p. 77)。

　4つのプレイヤーが，パイをどれだけ得られるのかは，自者と他者の力関
係によって決定される。Brandenburger and Nalebuff によると，力は，ゲー
ムの構造によって決まってくるという。その力がどのように決定されるかを
示してくれるのがゲーム理論である (Brandenburger and Nalebuff, 1997,
訳, p. 79)。このようにパイを獲得するために戦略を練ることがゲーム論的
アプローチといえる。

　競争と協調の混在に注目し，補完的プレイヤーの重要性を指摘した点がゲ
ーム論的アプローチの貢献といえる。一方で，問題も指摘されている。ゲー
ム論的アプローチの問題点として沼上 (2009) は，「戦略というよりも戦術
という色彩が強く，長期の問題よりも短期の小手先の工夫で乗り切る癖を容
認しているように見える」と指摘する (沼上, 2009, p. 94)。また，「基本的
にゲームに参加している企業が全て合理的で，相互の打ち手がもたらす成り
行きを理解できている」ことを前提としている点に問題がある (同, p. 113)。
ゲーム論的アプローチは，戦術レベルの話であり，合理的に相手の手の内が
見えた場合には有効であると捉え，本章の今後の分析では扱わない。

2.6 創発戦略

「合理的な事前の計画としての戦略」という考え方に対して，すでに1970年頃にはそのアンチテーゼが登場する。「戦略とは事前に計画され，上から指示されたとおりに実現されていくのではなく，現場の環境適応努力の積み重ねが累積し，後から振り返ってみると何らかのパターンがそこに読み取れるようになるもの」という考えである（沼上，2009，p. 10）。創発戦略について新江（2005）は，かつては戦略の策定と実行とを区分する見解が支配的であったが，今日では必ずしもそうとは理解されていない。すなわち，戦略の策定と実行とを明確に区別できるわけではなく，戦略の実行の過程から戦略が形成（formation）されてくることもあることが認識されていると主張する（新江，2005，p. 46）。本項ではMintzbergの創発戦略の検討を通じて，意図した戦略とは異なる考えを検討する。

戦略に関する2つのパターンの捉え方を対比して，Mintzbergは創発戦略を説明している。第1のパターンは意図した戦略を意味し，将来とられるであろう一連の行動を示す。第2のパターンは，過去を振り返ってみたときに現れる一貫した行動を示す。第1のパターンである意図した戦略と，第2のパターンである創発戦略の関係を図表3.5で示した。図表3.5の意味は，意図した戦略では計画的なコントロールが行われる一方，創発戦略は学習を通じて形成されるということである。当初策定した戦略が必ずしもすべて達成されるわけではなく，予測困難な事態も多く存在するためである。不確実性に対処していく過程で，当初は想定していなかった方法により戦略が形成されていく場合もある。このように戦略実行の過程で形成した戦略を創発戦略と呼ぶ。戦略を検討する際には，意図した戦略だけでなく，創発戦略も含める必要がある。

創発戦略を生み出すには学習が重要である。経営環境は複雑さと予測不可

図表 3.5 意図した戦略と創発戦略

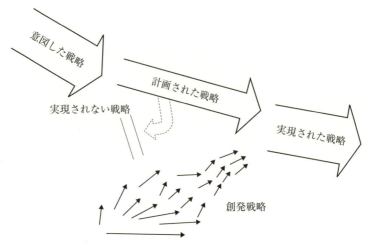

出典：Mintzberg et al. (1998, p. 12)。筆者訳。

能な性質を有するため，戦略形成は，まず時間の経過にしたがって学習するプロセスの形をとり，最終的には戦略の策定と実行の境界の区別がなくならなければならない（Mintzberg, 1987）。学習プロセスは各個人で行われるだけでなく，「戦略形成は集合的学習プロセスでなければならない。なぜなら企業全体に戦略を強制するだけの力を持った中心的権力がないからである」（Mintzberg, 1987）。学習プロセスのフィードバックを通じて創発戦略が生じると考えられる。

3　インタンジブルズからみた戦略論の再考

本節では，第2節で検討した各戦略論で捉えているインタンジブルズとの関係を検討する。第1に，多角化戦略でのインタンジブルズの取り扱いを検

第3章　戦略の策定と形成

討する。第2に，ポジショニング戦略の下でのインタンジブルズの取り扱い
を検討する。第3に，資源ベースの戦略論とインタンジブルズの関係を検討
する。第4に，創発戦略の下でのインタンジブルズの取り扱いを検討する。

3.1　インタンジブルズと多角化戦略

　2.1で検討したように，Ansoff（1965）は，資本利益率という財務目標を
達成するために，拡大化戦略ないし多角化戦略を行う必要があると主張した。
Ansoffは，多角化を行う際にシナジーを考慮する必要があると述べている。
Ansoffの主張するシナジーの一部がインタンジブルズに該当すると考えら
れる。シナジーは，「1＋1＞2」というような効果として説明されている。シ
ナジーは企業が，部分的な力の総和よりも，もっと大きなある結合された力
（遂行力）によって，製品—市場の方向を探求しているという事実を示して
いる（Ansoff，1965，p.75）。
　シナジーについてAnsoff（1965）は，販売シナジー，操業シナジー，投
資シナジー，マネジメント・シナジーの4つを掲げている（Ansoff，1965，
p.80）。販売シナジーとは，複数製品に対する共通の流通経路，共通の販売
管理組織，あるいは共通の倉庫を利用するときに起こりうる効果である。ま
た，共通の広告，販売促進，従来の名声といったものも，販売シナジーとし
てあげられている。操業シナジーとは，施設や人員の高度な活用，間接費の
分散，共通の学習曲線に基づく利点，一括大量仕入れなどが当てはまる。投
資シナジーとは，プラントの共同利用，原材料の共同在庫，類似製品に対す
る研究開発の残存効果，共通の工具，共通の機械といったことから生じる効
果である。マネジメント・シナジーとは，企業の経営者が新しい業種に進出
したときに新しい問題に直面したとしても，それが過去に遭遇したものだと
同じであるとわかれば，新しい事業を強力かつ有効に推進できるという効果
である（Ansoff，1965，p.80）。

97

4つのシナジーの中には，規模の経済や一括購入によるコスト低減など，インタンジブルズと必ずしも関係しないものも含まれている。一方，企業の名声（評判）の複数企業間での利用，マネジメント・シナジーなど，インタンジブルズの要素を含んだシナジーも存在する。Ansoff は，シナジーは抽象的な概念であるため，金額による評価をできるだけ行う必要があると述べている。しかし，マネジメント・シナジーは数学的な公式で直接明示することが難しいとしている（Ansoff，1965，p. 80）。

シナジーについては，組織構造や業種によって価値が変化する。Ansoffはシナジー評価で判明した利点というのは，見積もられた潜在的な利点にすぎず，それらは多角化しようとする企業が適切な組織環境をつくりださないかぎり実現しないことを心に止めておくことが不可欠であると主張している（Ansoff，1965，p. 167）。また，企業の強みと弱みの問題の事前評価は，いずれも相対的なものだという点も明らかであると主張する。たとえば軽量で強いが高価である構造物の設計に関する優れた能力というものは，航空宇宙業界では一種の強みであるが一般産業機械の設計に適用される場合には弱みになってしまう（同，p. 91）。

以上，シナジーとインタンジブルズの関係を見てきた。シナジーには，マネジメント・シナジーや，企業の名声の多企業間での活用などといったインタンジブルズに関連するものが存在した。これらのシナジーは，所有しているだけでは意味がなく，活用するための組織環境を構築したり，自社の事業内容に相乗効果を与えるような仕組みが必要である。

3.2 インタンジブルズとポジショニング戦略

ポジショニング・アプローチの提唱者である Porter はレピュテーションやブランドといったインタンジブルズを取り上げている。たとえば，Porter（1996）は，戦略にトレードオフが生じる原因の一つはイメージや評判に一

貫性がなくなる点にあるとしている。また，製品ブランドやレピュテーショ
ンのようなインタンジブルズについて，Magretta（2011）は，消費者の支払
い額には，感情的側面や目に見えない側面があると述べ，ブランドが与える
信頼感を例示した（Magretta，2011，p. 70）。さらに，沼上（2009）は，ポ
ジショニング戦略の解釈として，「ポジション」（立地・地位）とは空間的な
立地ばかりでなく，人の心の中に占める心理的な「立地」や，競争市場・取
引関係などにおける立場・地位なども含むと述べている（沼上，2009，p. 55）。

　ブランドやレピュテーション以外に，組織の構造や文化などの重要性につ
いても触れられている。Porter（1985）は，それぞれの基本戦略を成功させ
るには，それぞれ違った技能や条件が必要になると指摘し，これらはたいて
い，企業の構造や企業文化の違いとなってあらわれると主張する（Porter，
1985，p. 24）。また，企業の構造を決める助けになる規範や態度についての
定義は難しいが，この曖昧な企業文化というものが，企業の成功にとって重
要な要素だと考えられるようになってきた。しかしながら，基本戦略が違う
と，それに応じて組織文化も違ってくる。文化そのものが良いとか悪いといっ
たことはありえない。文化は競争優位を達成するための手段であって，それ
自体が目的ではない（同，p. 24）。

　基本戦略であるコスト・リーダーシップ戦略と差別化戦略を対比させなが
ら，それぞれの戦略に必要なインタンジブルズを検討する。まず，組織構造
について，コスト・リーダーシップ戦略を実行する企業では，厳格な統制シ
ステム，間接経費の圧縮，規模の経済の追求，習熟曲線の尊重が重視される。
これらは，創造的な新製品を不断に発売し続けることで差別化に務める企業
にとっては，反生産的に働くこともある（Porter，1985，p. 24）。次に文化
を考えると，差別化戦略の場合は，イノベーション，個性，リスクをものと
もしない精神を奨励する文化によって支えられる一方，コスト・リーダー
シップ戦略は，節約，規律，細部への注意によって支えられると指摘されて
いる（同，p. 24）。

以上，インタンジブルズとポジショニング戦略の関係を見てきた。基本戦略を実行するためには，戦略に応じてインタンジブルズを構築する必要がある点が明らかとなった。一例として，基本戦略に応じて異なる組織文化を構築する必要がある点があげられる。また Porter は，ブランドやレピュテーションなどにも言及していた。コスト・リーダーシップ戦略と差別化戦略では，顧客の要求も異なるため，基本戦略に応じて異なるブランドやレピュテーションが構築されると考えられる。

3.3　インタンジブルズと資源ベースの戦略論

　資源ベースの戦略論が対象としている経営資源は，財務資本，物的資本，人的資本，組織資本の4つのカテゴリーに分類される（Barney, 2002, p. 156）。インタンジブルズに該当するのは人的資本と組織資本である。人的資本には，人材育成訓練，個々のマネジャーや従業員が保有する経験，判断，知性，人間関係，洞察などが含まれる。組織資本には，組織構造，公式・非公式的な計画，管理，調整のシステム，企業文化やレピュテーション，企業内部のグループ間での非公式な関係，自社と他社との関係などがある（同，p. 156）。
　Barney（2002）の主張から，資源ベースの戦略論では企業内部のインフラや業務プロセスに存在するインタンジブルズに焦点を当てていると示唆される。たとえば，Barney は企業があるバリューチェーンのどの部分に特化しているかを理解することは，その企業の保有する財務・物的・人的・組織資本を特定するのに役立つと述べている（Barney, 2002, p. 159）。また，バリューチェーン分析を通じて，企業の経営資源やケイパビリティが非常に細かいミクロレベルで考察されることになる（同，p. 169）。
　図表3.6で，バリューチェーンのモデルを示した。バリューチェーンの7つの活動を支援するのが経営資源であり，その中にインタンジブルズが含まれる。たとえば，デル株式会社では，製造活動を支援するインタンジブルズ

第3章　戦略の策定と形成

図表3.6　一般的なバリューチェーンのモデル

技術開発	製品デザイン	製造	マーケティング	流通	アフターサービス	処分
源泉	機能	統合	価格	流通チャネル	保証	
洗練化	物理的特性	原材料	広告／宣伝	統合	スピード	
特許	美的形状	生産能力	販売力	在庫	専属／独立	
製品/プロセスの選択	品質	立地	パッケージ	完成品保管	価格	
		調達	ブランド	輸送		
		部品製造				
		組立				

出典：Barney（2002，p. 159，処分を追加，筆者訳）。

が競争優位の源泉であると示唆される。Barney は，デル株式会社の製造活動について，洗練された組み立て業務，継続的な業務改善，プロセス改善に対する飽くなき取り組みが根ざした企業文化などといった競争優位の源泉があると指摘している（Barney，2002，p. 176）。

以上，インタンジブルズと資源ベースの戦略論を検討した。資源ベースの戦略論では，特にビジネスプロセスを下支えするという点でインタンジブルズを扱っていることが示唆された。また，企業ごとに注力しているビジネスプロセスが異なるため，それに応じて構築すべきインタンジブルズも異なる点が明らかになった。

3.4　インタンジブルズと創発戦略

創発戦略を促進するためには，学習を促す文化といったインタンジブルズを構築する必要がある。学習を行うのは個人であるが，学習内容が共有され，組織全体の行動パターンとなっていくために重要なのは組織学習である。この点について，Mintzberg et al.（1998）は，戦略とは人々が状況を学習したり，その状況に対処する組織そのものの能力を学習するところから生まれ，

101

学習は，個人個人というよりはほとんどが集合体として行われる。その結果，戦略は行動のパターンとして収束すると主張した（Mintzberg et al., 1998, p. 176)。

　組織学習は，人的資産，情報資産や組織資産などのインタンジブルズが関連していると考えられる。人的資産に関して沼上（2009）は，戦略策定に注意を向けすぎるトップや戦略スタッフに対して，むしろ組織の設計と人材の育成が戦略創発上重要であることを創発戦略が気づかせてくれたと主張する（沼上，2009，p. 51)。また，青島・加藤(2012)は，情報・技術・知識といった「見えざる資産」が蓄積される長期的なプロセスに焦点を当てているのが創発戦略であるとしている（青島・加藤，2012，p. 131)。

　一方，沼上（2009）は，組織や人材育成が重要だということを指摘した点で創発戦略学派には見るべきものがあるが，具体的にどうすれば良い組織ができるのか，どうすれば人材が育つのかというような具体策に関する議論は希薄であるという問題点を指摘した（沼上，2009，p. 52)。創発戦略のための人材育成について具体的な方策がないという点について，伊藤（2014）は解決策の手がかりを示している。すなわち，現状の戦略を実行するためだけに，組織を最適化するのではなく，新たな戦略策定の機会を促すために，実行中のスコアカードに「糊代を残す」という提案である（図表3.7)。

　創発戦略では，戦略を実行する現場レベルに光を当て，戦略の策定と実行は切り離せないと主張した。創発戦略を促すには，継続的に学習を行う組織文化といったインタンジブルズが重要である。一方で，創発戦略では特定の戦略目標を実現するためのインタンジブルズの構築が困難である。事前に策定された意図した戦略とは異なるため，構築すべきインタンジブルズや目標値を設定できない。したがって，伊藤（2014）が提案したような戦略策定型のインタンジブルズのマネジメントが求められると示唆される。

図表3.7 戦略策定型のインタンジブルズのマネジメント

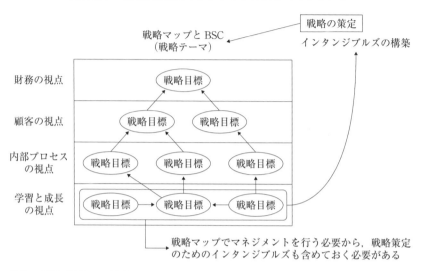

出典：伊藤（2014, p.152）。

4 戦略的マネジメント・システムとインタンジブルズ

　本節では，戦略的マネジメント・システムであるBSCとインタンジブルズの関係を検討する。第1に，インタンジブルズの測定方法について検討する。第2に，BSCを提唱したKaplan and Nortonが，インタンジブルズをいかに捉えているのかを明らかにする。そのうえで第3節の検討を受けて，学習と成長の視点だけでなく，4つの視点でインタンジブルズが存在することを明らかにしたい。最後に，第6章で詳しく論じる，価値毀損の抑制について取り上げる。

4.1　インタンジブルズの測定手法

　前節までで，各戦略論に対する概念を検討してきた。さらに，インタンジブルズと戦略論の関係を見てきた。戦略論の分野の中にもインタンジブルズに対する考えが存在した。一方で，従業員にまで戦略が浸透していることや，インタンジブルズを測定し，マネジメントまでできなければ戦略の実行はおぼつかなくなってしまう。前節までに見てきた戦略論では，戦略の進捗度の可視化や，インタンジブルズの測定という議論がなされていなかった。

　それでは，インタンジブルズはどのように測定されてきたのであろうか。Sveiby（2010）によると，インタンジブルズの測定手法は4つに分類できるという。すなわち，①直接算定法（direct intellectual capital methods），②市場評価法（market capitalization methods），③ROA法（return on assets methods），④スコアカード法（scorecard methods）である。①〜③は財務的評価を行う測定手法であるのに対して④のスコアカード法は財務尺度に加えて非財務尺度を含めた測定方法である。

　Sveiby（2010）は，1950年〜2009年までの42本のインタンジブルズ研究に対する測定アプローチをまとめた。本章では1990年代以降に行われた研究39本を用いて2000年を境として測定手法を分類した。分類結果を図表3.8に示す。2000年代以前はスコアカード法と比較して他の測定手法が多く用いられている事実が示唆される。一方，2000年代以降ではスコアカード法に基づいた研究が多くなされている。

　財務と非財務尺度によってインタンジブルズが測定されていることがSveiby（2010）の研究から示唆された。インタンジブルズは，ただ測定するだけでは意味がなく，戦略と関連づけてマネジメントされなければ大きな価値を生み出すことができない。そこで，戦略の進捗度把握，戦略の可視化や測定，インタンジブルズのマネジメントを試みているバランスト・スコアカ

第3章 戦略の策定と形成

図表3.8 インタンジブルズの測定手法ごとの文献数

(本)

測定方法 年代	直接算定法	市場評価法	ROA 法	スコアカード法
1990 年～2000 年	8	2	3	6
2001 年～2009 年	4	0	0	16

出典：Sveiby（2010）を参考に筆者作成。

ード（balanced scorecard：BSC）のフレームワークに従って，戦略論とインタンジブルズの関係を，次項で整理する。

4.2 インタンジブルズと戦略の関係

　これまで見てきた戦略論の考えを BSC で捉える。沼上（2009）は，顧客の視点は，ポジショニング・ビューの指摘する諸要因が取り込まれている部分であり，内部ビジネスプロセスの視点はポジショニング・ビューと RBV が共通に注目している部分，学習と成長の視点は RBV が注目している部分に対応すると主張した（沼上，2009，pp. 136-137）。さらに，本章で検討した多角化戦略によるシナジー効果は，財務の視点に対応し，ケイパビリティは内部ビジネスプロセスの視点に対応すると考えられる。

　次に，インタンジブルズについて検討する。Kaplan and Norton（2004）は，BSC の学習と成長の視点でインタンジブルズを管理すると主張している（Kaplan and Norton，2004，p. 13）。一方，Ulrich and Smallwood（2003）はインタンジブルズを階層として捉えており，BSC でいう顧客，内部ビジネスプロセス，学習と成長のすべての視点にインタンジブルズが存在すると捉えている。前節までの戦略論とインタンジブルズの関係の整理を参考にして，インタンジブルズが各視点に存在することを明らかにしたい。

105

財務の視点には，オンバランスされるインタンジブルズ（特許，著作権等）や Ansoff が提唱したシナジーが含まれる。顧客の視点のインタンジブルズについて，Porter の戦略観の中にはコーポレート・レピュテーションやブランドの構築が含まれていることが示唆された。これらのインタンジブルズは，BSC の顧客の視点で管理される。次に，内部ビジネスプロセスの視点については，Porter の特別に調整されたバリューチェーンの概念や，Stalk et al.（1992）のケイパビリティが，内部プロセスのインタンジブルズであると捉えられる。学習と成長の視点では，Kaplan and Norton が提唱した人的資産，情報資産，組織資産のほかに，Barney（2002）の経営資源も内部プロセスを下支えするインフラとして機能するインタンジブルズである。

　インタンジブルズと価値創造の関係を図表3.9に示す。戦略を実行するためにはインタンジブルズが必要であり，期首時点のインタンジブルズとして示している。次に期中に行われる活動であるビジネスプロセスは戦略によって方向づけられており，そこでは意図した戦略と現場から生まれる形成した戦略が混在している。期中の活動を通じてインタンジブルズが構築される。BSC を用いて構築されたインタンジブルズを整理すると各視点にインタンジブルズが含まれる。インタンジブルズは戦略に方向づけられた活動を通じて価値を創造するが，インタンジブルズそれ自体では価値を生み出さない。ビジネスプロセスである企画・設計・製造・販売・処分といった活動を戦略によって方向づける必要がある。ビジネスプロセスの結果として期末のインタンジブルズが構築され，最終的に価値創造に結びつく関係がある。

4.3　アネルギーと戦略

　本章では，価値創造に関わる戦略論とインタンジブルズの関係を検討してきた。一方，企業価値を向上させるためには価値創造だけでなく，価値毀損の抑制を考える必要がある。価値創造されたプラス面と価値が毀損されたマ

第3章　戦略の策定と形成

図表3.9　インタンジブルズと価値創造の関係

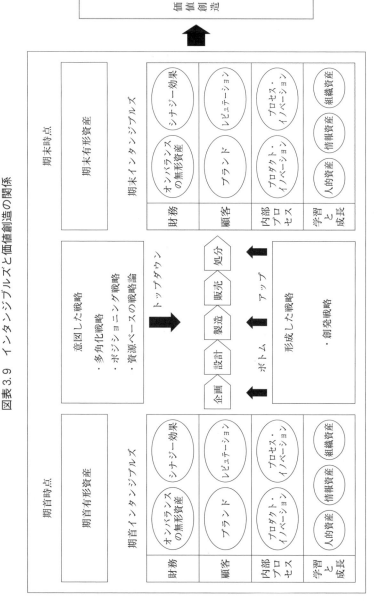

出典：筆者作成。

107

イナス面の合計が企業価値となる。

伊藤（2007）は，本社の役割として，価値創造のシナジータイプのBSCのほかに，価値毀損としてアネルギー抑制のためのBSCを構築した事例を紹介した。アネルギーとはシナジーの逆で，部分の合計以下になることである（伊藤，2007，p. 57）。たとえば，連結グループの特定の企業が不祥事を起こした場合，不祥事によるマイナスの影響が問題を起こした特定企業だけでなく，連結企業グループ全体に及ぶとき，アネルギーが生じたといえる。アネルギータイプのBSCでは，本社戦略として構築したものと事業戦略として構築したBSCを検討している（同，p. 64）。

以上のように企業価値創造のためには，価値の創造だけでなく，価値の毀損を抑制する方法も考える必要がある。本研究では，インタンジブルズと価値毀損の関係について，第6章で検討する。

まとめ

本章の目的は，戦略論の中でインタンジブルズがいかに扱われてきたのかを明らかにすることであった。最初に，戦略論に関する先行研究を行った。そして，各戦略論とインタンジブルズの関係を検討した。最後に，BSCの4つの視点が，各戦略論のインタンジブルズに該当する点を明らかにした。BSCを提唱したKaplan and Nortonは，インタンジブルズを学習と成長の視点でマネジメントすべきと提案した。内部ビジネスプロセスを下支えするためのインフラとしてインタンジブルズが必要であるという発想である。本章では，戦略論の研究分野を検討して，学習と成長の視点以外にも，インタンジブルズが存在することを示した。

本章の貢献は，既存の戦略論でも明示的・暗示的にインタンジブルズを扱っていることを明らかにした点と，従来の戦略論では検討されてこなかっ

たインタンジブルズの測定について，BSC を用いることを示した点である。1点目の貢献である既存の戦略論でも明示的・暗示的にインタンジブルズを扱っていることについて，意図した戦略と形成した戦略に分類して検討を行った。意図した戦略には Ansoff（1965）の多角化戦略，Porter（1985）のポジショニング戦略，Barney（2002）の資源ベースの戦略論等を取り上げた。多角化戦略では，販売シナジーの中でレピュテーションの議論や人的資産に該当するマネジメント・シナジーなどが取り上げられていた。ポジショニング戦略ではレピュテーションやブランド，そして基本戦略を支援する組織の文化などについての記述が見られた。資源ベースの戦略論では人的資産や組織資産などが例示されていた。

　第2の貢献であるインタンジブルズの測定に BSC を用いることを示した点について，財務・非財務を測定して管理する BSC の利用を提案した。BSC の各視点の活用を通じて，戦略と関連づけてインタンジブルズを捉えることができる。

参考文献

Ansoff, I. (1965), *Corporate Strategy*, McGraw-Hill, Inc（広田寿亮訳（1969）『企業戦略論』産業能率大学出版部）.

Barney, J. B. (2002), *Gaining and Sustaining Competitive Advantage, Second Edition*, Prentice Hall（岡田正大訳（2003）『企業戦略論上基本編』ダイヤモンド社）.

Brandenburger, A. M. and B. J. Nalebuff (1997), *Co-opetition*, Crown Business（嶋津祐一・東田啓作訳（2003）『ゲーム理論で勝つ経営：競争と協調のコーペティション戦略』日経ビジネス文庫）.

Collis, D. J. and C. A. Montgomery (1995), Competing on Resources: Strategy in the 1990s, *Harvard Business Review*, July-August, pp.118-128（白鳥東吾訳（1996）「コア・コンピタンスを実現する経営資源再評価」『Diamondハーバード・ビジネス・レビュー』6-7月号，pp.93-106）.

Kaplan, R. S. (2010), Conceptual Foundations of the Balanced Scorecard, *Harvard Business School*, pp.1-36.

Kaplan, R. S. and D. P. Norton (2004), *Strategy Maps: Converting Intangible Assets into Tangible Outcomes*, Harvard Business School Press（櫻井通晴・伊藤和憲・長谷川惠一監訳（2014）『戦略マップ［復刻版］：バランスト・スコアカードによる戦略策定・実行フレームワーク』東洋経済新報社）.

Magretta, J. (2011), *Understanding Michael Porter: The Essential Guide to Competition and Strategy*, Harvard Business School Press（櫻井祐子訳（2012）『〔エッセンシャル版〕マイケル・ポーターの競争戦略』早川書房）.

Mintzberg, H. (1987), Crafting Strategy, *Harvard Business Review*, July-August, pp.66-74（梅津祐良訳（1987）「秩序ある計画化から工芸的に練り上げる戦略へ」『Diamondハーバード・ビジネス・レビュー』11月号，pp.4-17）.

Mintzberg, H., B. Ahlstrand and J. Lampel (1998), *Strategy Safari: A Guided Tour Through The Wilds of Strategic Management*, Free Press（斎藤嘉則・木村充・奥澤朋美・山口あけも訳（1999）『戦略サファリ』東洋経済新報社）.

Porter, M. (1985), *Competitive Advantage*, Free Press（土岐坤・中辻萬治・小野寺武夫訳（1985）『競争優位の戦略：いかに高業績を持続させるか』ダイヤモンド社）.

Porter, M. (1996), What Is Strategy?, *Harvard Business Review*, November-December, pp.61-78（中辻萬治訳（1997）「戦略の本質」『Diamond ハーバード・ビジネス・レビュー』2-3月号，pp.6-31）．

Prahalad, C. K. and G. Hamel（1990），The Core Competence of the Corporation, *Harvard Business Review*, May-June, pp.79-90（坂本義美訳（1990）「競争力分析と戦略的組織構造によるコア競争力の発見と開発」『Diamond ハーバード・ビジネス・レビュー』9月号，pp.4-18）．

Stalk, G., P. Evans and L. E. Shulman（1992），Competing on Capabilities：The New Rules of Corporate Strategy, *Harvard Business Review*, March-April, pp.57-69（八原忠彦訳（1992）「戦略行動能力にもとづく競争戦略」『Diamond ハーバード・ビジネス・レビュー』7月号，pp.4-19）．

Sveiby, K. J.（2010），Methods for Measuring Intangible Assets, http：//www.sveiby. com/articles/IntangibleMethods.htm.

Ulrich, D. and N. Smallwood（2003），*Why the Bottom Line Isn't ! How to Build Value Though People and Organization*, Wiley（伊藤邦雄・淡川佳子訳（2004）『インタンジブル経営：競争優位をもたらす「見えざる資産」構築法』ランダムハウス社）．

Whittington, R.（1996），Strategy as Practice, *Long Range Planning*, Vol.29, No.5, pp.731-735.

青島矢一・加藤俊彦（2012）『競争戦略論（第二版）』東洋経済新報社。

新江孝（2005）『戦略管理会計研究』同文舘出版。

伊藤和憲（2007）『ケーススタディ戦略の管理会計：新たなマネジメント・システムの構築』中央経済社。

伊藤和憲（2014）『BSC による戦略の策定と実行：事例で見るインタンジブルズのマネジメントと統合報告への管理会計の貢献』同文舘出版。

櫻井通晴（2012）『管理会計（第五版）』同文舘出版。

沼上幹（2009）『経営戦略の思考法：時間展開・相互作用・ダイナミクス』日本経済新聞出版社。

吉村孝司（2006）「第1章　経営戦略の概念」（吉村孝司編著『経営戦略』学文社，pp.2-16）。

第4章
戦略のカスケードによるインタンジブルズの構築

はじめに

　戦略が失敗する原因は，策定ではなく実行にあるといわれる（Kaplan and Norton, 2004；清水，2011）。従来から戦略の策定は多方面から検討されてきたが，戦略が実現できない事例が散見された。戦略を実現するには，戦略の実行をマネジメントする必要がある。

　戦略と業務のマネジメントに関する論点の一つが，戦略と業務をいかに結びつけるかという問題である。言い換えれば，戦略を業務に落とし込むカスケードが重要な論点である。カスケードの課題を解決することで，統合型マネジメント・システムの実効性が高まることが期待される。

　インタンジブルズの構築は，トップが策定した戦略によって方向づけられるが，実際にインタンジブルズの構築を行うのは現場の従業員である。カスケードが適切に行われなければ自社の戦略に適合したインタンジブルズの構築は困難となる。したがって，インタンジブルズの構築を考えるうえで，カスケードは重要な問題である。

　本章の目的は，戦略のカスケードによってインタンジブルズがいかに構築されるのかをケーススタディによって明らかにすることである。第1節では，カスケードに関する問題提起を行い，研究課題を設定する。第2節では，レディネス評価と医療業界の人材育成として活用されているクリニカルラダー，

113

さらに価値観変革とはいかなるものかについて検討する。第3節では，カスケード本来の目的である現場に落とし込まれた戦略目標を実現するプロセスを，海老名総合病院の看護部の事例を通じて明らかにする。具体的には，看護部に属する総合外来と手術室で行われたカスケードの事例を検討する。第4節では，カスケードされた戦略目標を達成する施策を通じてインタンジブルズが構築されたことを明らかにする。最後に本章の発見事項をまとめる。

1　カスケードに対する問題提起と研究課題

バランスト・スコアカード（balanced　scorecard：BSC）による戦略実行の課題の1つは，策定した戦略を業務計画へと落とし込むカスケードにある。Oxford Dictionary of English（2010）によると，カスケード（cascade）とは「急勾配の岩石でできた傾斜を順々に流れる滝」を意味している。目標と方策が組織階層を順に落ちていく様子（伊藤（和），2007）からこのような用語が用いられている。

カスケードに関わる課題の1つに，どのようなツールを用いてカスケードを行うのかというものがある。この課題については，カスケードを効果的に行うためにさまざまなツールが提案されてきた。たとえば方針管理を通じたカスケード（山田・伊藤（和），2005；櫻井，2008；乙政・梶原，2009；DeBusk and　DeBusk，2012），目標管理によるカスケード（伊藤（嘉），2001；櫻井，2008），ダッシュボードを用いたカスケード（Lorence，2010），シックスシグマによるカスケード（Kaplan and　Norton，2008）などが存在する。さらに，伊藤（和）はBSCで策定した戦略のカスケードの手段としてBSCを用いているケースを明らかにしている（伊藤（和），2014）。以上のようなツールを活用することで，戦略を業務計画へ落とし込むことが可能である。

カスケードに関わる2つ目の課題は，カスケードを通じてインタンジブル

ズをいかに構築するかである（Kaplan and Norton, 1992）。学習と成長の視点の戦略目標の尺度は，研修参加人数とか学会参加件数といったプロセス指標がほとんどであり，達成度を示すアウトカム指標の設定が困難であった。Kaplan and Norton（2004）は，学習と成長の視点で管理する戦略目標をインタンジブルズと再定義して，レディネスによる測定を提案した。測定ができれば管理もできるので，レディネス評価によって学習と成長の視点のマネジメントは大きく進展した。

　本章が対象とするのはカスケードに関わる2つ目の課題であり，戦略のカスケードによりインタンジブルズがいかに構築されるのかを明らかにする。具体的にいえば，カスケードされた戦略目標を実現する過程を通じてインタンジブルズが構築される可能性を明らかにする。本章では，海老名総合病院をリサーチサイトとしたケーススタディを行う。

2　人的資産構築のためのカスケードと価値観変革

　本節では，まず，カスケードにより人的資産に関わるインタンジブルズが構築された先行研究をレビューする。次に，レディネス評価と医療業界で実践されている人材育成のためのクリニカルラダーとの異同を明らかにする。最後に，組織変革と価値観変革の関係に関する先行研究をレビューする。

2.1　カスケードによる人的資産の構築

　人的資産構築のためにカスケードを行った事例として，グレイ・シラキュース社があげられる（Kaplan and Norton, 2004, p. 237）。冶金会社のグレイ・シラキュース社では，戦略的ジョブファミリー[1]に基づく人的資産開発プログラムを構築している。同社の人的資産の構築を図表4.1に示す。グレ

115

図表 4.1 グレイ・シラキューズ社の人的資産の構築

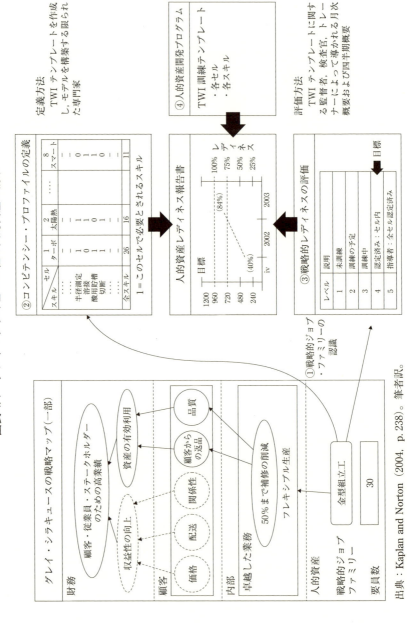

出典：Kaplan and Norton (2004, p.238)。筆者訳。

第4章　戦略のカスケードによるインタンジブルズの構築

イ・シラキュース社は，工場内で不良品が多く生じるという問題があった。

　不良品の発生という問題を解決するために，4つのステップからなる人的資産開発プログラムが提案された。第1ステップでは，戦略課題と戦略的ジョブファミリーを特定する。図表4.1の左にある戦略マップで示すように，グレイ・シラキュース社は不良品を50％下げるという戦略課題を特定した。不良品の増加原因を探るために，人的資産の戦略的ジョブファミリーという職務一覧表を調査した結果，金型組立工に失敗の原因があることが判明した。金型組立工30人の中には，初級レベルの従業員を教育訓練しないまま業務につかせており，技術が未熟な工具が業務を行っていたため，多くの不良品が生産されていた。

　第2ステップでは，戦略的ジョブファミリー（金型組立工）のコンピテンシー・プロファイルを定義する。コンピテンシー・プロファイルとは，金型組立工が業務を行うにあたって必要とされるスキルを一覧表にしたものである。コンピテンシー・プロファイルを明らかにするために，各セルにスキルと人数を示すマトリックス表を作成した。

　第3ステップでは，レディネス評価の定義および実績測定と目標値を設定する。各セルで必要なスキルを5段階で評価した。1段階の未訓練から5段階の指導者レベルまでランクをつける。金型組立工の現状レベルと不良品が半減できるレベルを数値で設定する。同社は，現在の40％（420点）を3年後に84％（800点）まで高めるというレディネス（準備度）の目標値を設定した。

　第4ステップでは，戦略的レディネスの目標値を達成するために行うアクションプログラムとして，人的資産開発プログラムを提案した。アクションプログラムとは，レディネス評価で測定した実績値と目標値の差異を埋める

---

1)　グレイ・シラキュース社では，不良品の削減という戦略を達成するために重要な職務に携わっている初心者レベルの金型組立工に問題があることを明らかにした。戦略実行にとって重要な職務群は戦略的ジョブファミリーと呼ばれる。

117

ための一連の手段である。セルごとに職場内訓練(training within industries：TWI)とよばれる職業訓練のテンプレートに従って，スキルを磨くプログラムを実施した。

グレイ・シラキュース社の事例は，内部の視点の「不良品の削減」という戦略目標を達成するためにカスケードした結果として人的資産構築を実施していた。人的資産開発プログラムを実行すれば，スキルアップの指標であるレディネスが達成でき，これにより内部の視点の戦略目標が達成されるという関係にある。戦略目標と業務レベルのスキルアップが双方向で結びついているという関係である。

2.2 クリニカルラダーによる習熟度評価

レディネス評価に類似する手法として，医療業界にはクリニカルラダーとよばれるシステムが存在する。クリニカルラダーは，経験により獲得できる専門的技能の発達過程をモデル化したものであり，看護師一人ひとりの技能習得レベルを把握できる。クリニカルラダーは，看護のキャリア開発に向けて体系的に技術習得できるように構築する取り組みが求められている (Benner, 2001, 訳, p. 149)。

クリニカルラダーは，ドレファスモデルを元にした人材育成システムである。ドレファスモデルはもともと，チェスプレイヤーと航空パイロットに関する調査をもとに，技能習得のモデルを示すために開発された。ドレファスモデルでは，学習者は技能を習得しそれを磨いていく過程で5段階の技能習得レベルを経ていくとされる。その5段階とは，初心者，新人，一人前，中堅，および達人レベルである (Benner, 2001, 訳, p. 11)。ドレファスモデルを看護師の教育システムに展開したものがクリニカルラダーである。

クリニカルラダーは，大阪府立済生会茨木病院や道立病院など，さまざまな病院で実践されている。海老名総合病院のホームページには，図表4.2で

示したクリニカルラダー（海老名総合病院ではキャリアラダーと呼んでいる）が掲載されている。海老名総合病院のホームページによれば，クリニカルラダーの目的について，以下のように説明している。

図表4.2　海老名総合病院のクリニカルラダーのイメージ

レベル	期間		役割	看護実践	内容	
レベルC4	8～12年目ごろ		チームリーダー役割	専門分野の看護実践	・認定・専門看護師などの資格取得も視野に入れ看護実践を深める ・臨床指導者として学生指導にも挑戦	
	5～8年ごろ		シフトリーダー役割	特定分野の看護実践	・特定の診療科の看護知識と技術は誰にも負けないエキスパートを目指す	
レベルC3	4年目以上			目指す看護分野のスタート	・自分の興味のある診療科や看護領域探しのはじまり ・より本格的な学習のはじまり	
レベルC2	プラスワン	3年	フレッシュパートナー（サポーター）役割		・後輩指導を学びながら自分も一つ一つの看護の根拠を確認することで，看護実践への自身を高める	教育サポーター制度
レベルC1	2年一貫	2年	ローテーション教育		・2年目秋ごろ，他部署への短期ローテーションを通して，あらたな疾患・看護や技術に触れ看護の応用力を高める	
		1年	配属部署フレッシュパートナーの専属サポート		・基礎的な看護知識，看護技術力，また患者さんの気持ちに添ったコミュニケーション力を先輩の指導のもと学ぶ ・看護師1年目は社会人1年目，マナーなど社会人としての基礎力もしっかり指導を受ける	
基礎力	生涯必要な専門職の基礎力を磨く		自ら学ぶ力を備える		・研修や自己学習を通して自ら学ぶ姿勢と力を高める ・新しいことを発見するアンテナを高める	
			看護の実践力を高める		・患者さんや先輩とかかわる力を拡げる ・看護のためのたしかな知識と技術を高める ・患者さんや同僚の意見や気持ちに耳を傾ける力を深める	

出典：海老名総合病院ホームページ[2]。

2)　http://nurse-ebina.jinai.jp/training/（2016年1月3日）

「当院の教育計画にはキャリアラダー[3]（臨床実践能力習熟段階）を採用しています。まずは、受け持った仕事ができるようになること。次に、ひとりの患者さんの受診や入院から退院までが看れるようになり、そして複数の患者さん全体の看護の流れを看れるようになること。さらに専門的な実践もできるエキスパートへと看護の広がりを段階的に経験できるような教育システムを実施しています。」

　要約すれば、看護に関する目標とその目標達成のための教育システムであり、現状の目標を達成したら上位の目標が与えられるものといえる。看護師の習熟度が高まるごとに階段を上がっていくことになる。図表4.2に示した海老名総合病院のクリニカルラダーを見ると、基礎力のほかに、レベルC1からレベルC4という4つのレベルが設定されている。C1が新人レベルで、C4になると看護の技術的側面だけでなく、リーダーとしての役割を担う。看護部の業務目標を展開して、現場の目標管理と連動させた教育システムである。

　最後に、クリニカルラダーとレディネスの異同を明らかにしておきたい。クリニカルラダーも人的資産レディネスも成熟度評価という点では類似している。ところが、クリニカルラダーは個人の育成プログラムであるのに対して、人的資産レディネスは組織レベルの戦略目標と関連がある。言い換えれば、クリニカルラダーは目標管理と連動しており個人を対象とした習熟度を測定するのに対して、人的資産レディネスは戦略実行という組織全体の課題達成に関わる準備度を測定するという違いがある。

---

3)　キャリアラダーは、Fitzgerald（2008）によると、上昇移動が可能なキャリアのハシゴという意味で用いられている（Fitzgerald, 2008, p.ii）。Fitzgerald, は、キャリアラダーの適用業種について、医療・保育・製造を例示しており、かならずしも看護業界に限定して用いられているわけではない。

2.3 価値観変革の意義

　価値観変革は組織変革の構成要素の一つである。組織変革とひとくちにいっても，多様な次元が存在する。本章では，組織変革について詳細な議論はせずに，いくつかの文献を参考とするにとどめる。組織変革の内容として，Mintzberg and Westley（1992）は，組織変革を促す難易度や影響の大きさなどによって，図表4.3のように分類した。

　図表4.3のように，Mintzberg and Westley（1992）によると組織変革には，行動レベルの変革と思考レベルの変革があると主張する。たとえば，行動レベルでは従業員の採用・解雇，設備投資を行うなど，比較的容易に変化させられるものを示す。一方，思考レベルでは，組織文化やビジョンなど，価値観にまで変革が及ぶものを指しており，時間はかかるが強固な変革となる。価値観変革を，Mintzberg and Westley が提示した組織変革の内容で表すと，図表4.3の文化に当たる部分の変革が該当する。Mintzberg and Westley の主張は，変化は組織内で広範にわたる概念的なレベル（文化）から狭い最も具体的なレベル（設備の一部ないし業務内の従業員）で起こりうる。

図表4.3　組織変革の内容

	組織の変革 （状況）	戦略の変革 （方向）
より概念的 （思考レベル）	文化	ビジョン
	構造	ポジション
より具体的 （行動レベル）	システム	プログラム
	従業員	設備

出典：Mintzberg and Westley（1992, p. 40）。筆者訳。

組織変革の内容に着目した Mintzberg and Westley (1992) に対して，Laughlin (1991) は，組織自体をサブシステム，組織デザイン，解釈的枠組みの3つのレベルに分類した。サブシステムは，固定資産，従業員，資金のように有形のものであるのに対して，組織デザイン（組織構造，意思決定プロセス）や解釈的枠組み（価値観，信条など）は無形の要素である。

伊藤（克）(2013) は，Mintzberg and Westley (1992) と Laughlin (1991) に共通している2点を指摘した。すなわち，組織変革といってもさまざまなレベルが存在する点と，レベルがあがる（変化させる対象の抽象度が高くなる）にしたがって変化させるのが難しくなるという点である。さらに，Malmi and Brown (2008) を参考に，マネジメントコントロール・システムの5分類（計画設定・サイバネティック・報酬と俸給・管理・文化）に対して，新たに時間軸という概念を加えている。そして，「経営者の意思で変更が容易なマネジメントコントロール手段と変更自体が容易ではなく，変更できるとしても，時間がかかるマネジメントコントロール手段の両方がある」という2つに，マネジメントコントロールの手段を分類した（伊藤（克），2013）。ここでいう変化が容易でないコントロールが文化であり，それ以外を変化が容易なものと位置づけている。

3　海老名総合病院のカスケード事例

本節では，5年間の参与観察を行ってきた海老名総合病院の看護部をリサーチサイトとして，カスケードの実践を検討する。第1に，リサーチサイトとして海老名総合病院が BSC を導入・活用に繋げるまでの概要を検討する。第2に，カスケードが適切に行われていることが明らかとなった総合外来と手術室の概要を明らかにする。第3に，総合外来と手術室のカスケード実践を見ていく。

第 4 章　戦略のカスケードによるインタンジブルズの構築

3.1　海老名総合病院と総合外来・手術室の概要

　海老名総合病院は, 2010 年度から BSC を導入している組織である。BSC
を導入して組織全体に浸透する過程を図表 4.4 に示す。縦軸は, 病院全体の
状態を示したコンテクスト, BSC に関連するコンテンツ, BSC を定着させ
るために実施されてきたプロセスに分類している。横軸は年度ごとに分割し
ている。

　2010 年度には, 試行段階として病院院長が病院 BSC の仮案を構築した。
2011 年度は BSC の導入段階として, 病院 BSC を構築するとともに, 一部
の部門と部署に対して, 部門 BSC を展開した。さらに 2012 年度になると,
全部門が部門 BSC を構築した。院長が構築した病院 BSC に合わせて部門長
が部門 BSC を構築するため, 病院戦略が部門にまでカスケードされたこと
になる。2013 年度には, 看護部門では, クリニカルラダーの構築を通じて,
看護部部門 BSC が部署にまでカスケードされた。

　次に, 海老名総合病院の組織図を図表 4.5 に示す。図表 4.5 のように, 院
長の下に 4 つの部門が置かれている。さらに部門の下に各部署が置かれてい
る。たとえば, 看護部門には, 総合外来, 手術室, 集中治療室など全 14 の
部署が置かれている。組織図に対応させてカスケードを示すと, 病院院長が
作成した病院 BSC が看護部部門 BSC へと落とし込まれるという関係にある。
その後, 部門 BSC の戦略目標, 指標, アクションプランなどが各部署へと
落とし込まれる。病院院長から看護部, 看護部から各部署という流れで戦略
がカスケードされる。

　本章では, 第 2 章で行った分析結果に基づいて, 看護部の総合外来と手術
室の科長をカスケードの実践を検討するためのインタビュイーに選んだ。両
部署は, 戦略の浸透度と戦略修正の理解度が高い部署であることが明らかに
なったためである。戦略の浸透度が高ければ, カスケードが適切に行われて

123

図表 4.4　海老名総合病院の BSC 導入とカスケードに至る過程

BSC の展開	展開前	試行段階	導入段階	展開段階	クリニカルラダーの構築段階
年度	2009年度	2010年度	2011年度	2012年度	2013年度
コンテクスト	混沌	業務改善志向	院長による戦略の浸透	部門長による戦略との連携	科長による戦略との連携
コンテンツ	―	・病院BSC(仮)	・病院BSC	・病院BSC ・部門BSC （業務計画関連図）	・病院BSC ・部門BSC （業務計画関連図） ・クリニカルラダー
プロセス	―	・内山院長の戦略構築 ・経営企画室高野氏の戦略構築の支援活動 ・BSCに関する院内教育	・部門長レベルによるBSC推進委員会（月1回）（6部門の部門展開の試行） ・BSCレビュー（年2回） ・BSCに関する院内教育（4回）	・恩田看護副部長による業務計画関連図の構築 ・BSCレビュー（年2回） ・看護部病棟委員会（年2回）	・クリニカルラダーの構築

出典：筆者作成。

図表 4.5　海老名総合病院の組織図

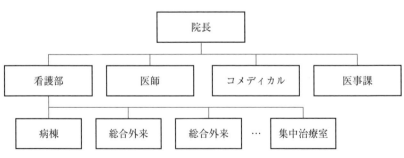

出典：筆者作成。

いると示唆される。また，筆者が参加した病院の BSC レビューでも，2つの部署は BSC を活用した戦略実行に対する取り組みを積極的に報告していた。したがって本章の課題である戦略のカスケードとインタンジブルズの構築の関係を明らかにするために，適当な部署であると考えられる。

　質問項目は事前にインタビュイーに渡しており，半構造化されたインタビューとなっている。総合外来は看護部看護科長・鈴木紀子氏，手術室は看護科長代理・舩山絵利子氏，看護主任・永田美和氏である。手術室には，2015年12月25日の13時30分～14時40分，総合外来には，2016年1月22日の14時～15時10分にインタビューを実施した。両部署に対するインタビューは録音されている。

　総合外来は，役職者4名，一般職59名（うち正規職員41名）の63名で構成されている。海老名総合病院看護部で最大の部署であり，全部署と比較しても薬剤科に次ぐ人数である。職員の年齢層は多岐にわたり，最年少の21歳から，最年長の58歳までが勤務している。業務は日勤で約30名が行う。総合外来では，ブースと呼ばれる機能ごとに業務が分割され，たとえば，放射線科，化学療法室，内視鏡，透析室，心臓カテーテル検査等，計9つのブースが存在する。

　手術室は，役職者3名（2名は2015年より役職者に昇進），一般職29名（うち正規職員27名）の32名で構成されている。一般職の6割は若手で，勤務歴が1年から3年である。若手の多くは大学卒業後，海老名総合病院の看護師として勤務している。第2章でも述べたが，手術室で看護師が担う主な業務は，器械出しと外回りの2つである。器械出しとは，医師に対してメスなどの手術に必要な器具を渡す係である。一方外回りとは，手術の進行を把握・記録等の器械出し業務以外に関わるすべての手術補佐を行う。

3.2 総合外来のカスケードの事例と成果

　病院 BSC の学習と成長の視点に設定された戦略目標の１つに，ES（従業員満足度）の向上がある。病院 BSC，部門 BSC，総合外来という各階層へ業績評価指標が落とし込まれる様子を図表 4.6 に示す。

　病院 BSC では，ES の向上の達成度を測定するために職員満足度，離職率，有給取得率という業績評価指標を設定した。戦略目標に関連する指標を業務計画に落とし込むために，看護部では病院 BSC と看護部の部門 BSC を関連づけている。病院 BSC で設定された ES の向上を支援する看護部の業績評価指標には，病院 BSC で設定された職員満足度，離職率，有給取得率以外の指標も設定されている。新たに設定された指標は，時間外勤務時間，新卒採用看護師数，既卒採用看護師数である。

図表 4.6　戦略目標の総合外来へのカスケード

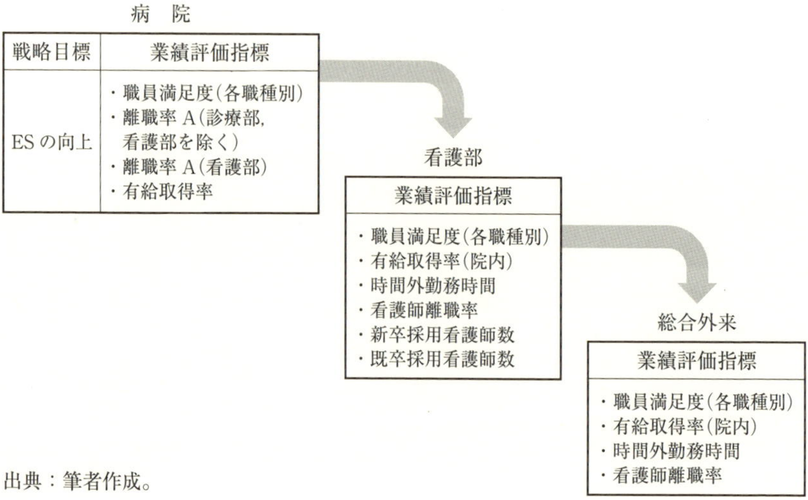

病　院

戦略目標	業績評価指標
ES の向上	・職員満足度（各職種別） ・離職率 A（診療部，看護部を除く） ・離職率 A（看護部） ・有給取得率

看護部

業績評価指標
・職員満足度（各職種別） ・有給取得率（院内） ・時間外勤務時間 ・看護師離職率 ・新卒採用看護師数 ・既卒採用看護師数

総合外来

業績評価指標
・職員満足度（各職種別） ・有給取得率（院内） ・時間外勤務時間 ・看護師離職率

出典：筆者作成。

第4章　戦略のカスケードによるインタンジブルズの構築

　図表4.6に示したとおり，看護部の業績評価指標は総合外来の業績評価指標へカスケードされる。総合外来では，看護部の業績評価指標のうち，看護部長が担当する新卒採用看護師数，既卒採用看護師数が指標から外されている。管理できる指標は組織階層によって異なるためである。総合外来の業績評価指標として，職員満足度，有給取得率，時間外勤務時間，看護師離職率が設定された。総合外来に落とし込まれた業績評価指標は，部署内の看護師の目標管理と連動させている。一般職の総合外来看護師は，自らの目標管理指標と業績評価指標が結びつけられているため戦略のカスケードが実現できていることがわかる。

　総合外来のカスケードには3つの特徴がある。第1の特徴は，病院の中期計画で設定された戦略が，戦略目標を通じて看護部の部門BSCにカスケードされ，その看護部の業績評価指標が総合外来へとカスケードされていたことである。つまり，上位層から下位層へと業績評価指標が落とし込まれていた。総合外来では，指標だけが落とし込まれた一方向の結びつきとなっている。

　第2の特徴は，ESの向上という病院の戦略目標を実現するために，看護部長として対応できる新卒採用看護師数，既卒採用看護師数と，総合外来の科長として対応できる時間外勤務時間が独自に設定されていたことである。一方で，病院の戦略目標であるESの向上には，アクションプログラム（戦略的実施項目）がないため，どのようにしてESを向上できるのかが不明である。

　第3の特徴は，ESの向上に対するアクションプログラムがない状況で，鈴木科長は時間外勤務の削減に着手したことである。従来，総合外来では看護師の配置が細かく決められており，ブースと呼ばれる機能別の業務単位が多く存在した。業務は担当医師に依存してまとめられ，医師の希望に合わせて業務機能を規定していた。看護師は担当できるブースが決まっており，複数のブースで業務を担当できる技能レベルが育成されていなかった。このた

127

め，暇なブースと忙しいブースが存在しており，時間外勤務をしなければならない看護師の職員満足度は落ち込んでいた。鈴木科長は科内業務の機能を見直し，ブースを集約した。集約の仕方として，勤務時間の不平等を是正するような平準化した業務機能ごとの括りをブースとするように改めた。ブースを集約した結果，総合外来の時間外勤務が大幅に削減された。アクションプログラムが設定されない状況でも現場での優れた実践が行われていた。

3.3　手術室のカスケードの事例と成果

　病院 BSC の中で，手術室の効率化という戦略目標が設定された。戦略目標の手術室の効率化が手術室の業績評価指標へとカスケードされる様子を図表 4.7 に示す。
　図表 4.7 をみると，看護部では，病院 BSC の手術室の効率化という戦略

図表 4.7　戦略目標の手術室へのカスケード

病　院

戦略目標	業績評価指標	アクションプログラム
・手術室の効率化	・手術実施件数 ・手術室利用率（稼働率） ・17：30 以降の手術時間	・手術室の新運用体制の構築

看護部

業務計画目標	業績評価指標	アクションプラン
・手術室体制の再構築 ・手術室キットの集約化	・手術実施件数 ・手術室利用率（稼働率） ・17：30 以降の手術時間 ・タイムアウト導入 ・集約化したキット数	・手術室の新運用体制の構築

手術室

業績評価指標	アクションプラン
・手術実施件数 ・手術室利用率（稼働率） ・17：30 以降の手術時間 ・タイムアウト導入 ・集約化したキット数	・手術室の新運用体制の構築

出典：筆者作成。

第4章　戦略のカスケードによるインタンジブルズの構築

目標が看護部門 BSC の手術室体制の再構築と手術室キットの集約化という業務計画目標にカスケードされた流れがわかる。部門 BSC で新たに設定された業務計画目標を測定するために，タイムアウト導入，集約化したキット数という業績評価指標も追加した。病院のアクションプログラムは，看護部と手術室のアクションプランと同じ，手術室の新運用体制の構築である。看護部長との連携を図り，手術室を取り仕切る益田科長（当時）がリーダーシップをとって，手術室の効率化を測定する業績評価指標の目標値を実現するアクションプランを計画した。

　手術室が実施したアクションプランの1つは手術室キットの集約化である。従来は医師の指示に従って，手術機器を選択し手渡ししていた。しかし，必要な機器が揃っていない場合や，何を準備すべきかが予測できない場合があった。そこで，事前に術式に必要な機器のキットを準備した。個別の術式ごとに最適なキットを購入してしまうと在庫量が増大するので，類似した術式ごとにキットを集約化した。この集約化で，購入するキットの種類を減らすことができ，在庫削減にも貢献できた。また，後述するクリニカルラダーの構築・運用が業務の効率化へと貢献した。BSC を導入する前の 2009 年度の手術実施件数は 385 件／月（年間 4620 件）であった。手術室のアクションプランを行った結果，5 年後の 2014 年度は 500 件／月（年間 6000 件）へと増加した。

　手術室のカスケードには 3 つの特徴がある。第1の特徴は，病院の戦略（戦略目標とアクションプログラム）が看護部の業務計画（業務計画目標とアクションプラン）へとカスケードされていたことである。総合外来と比較すれば，業績評価指標だけでなく，アクションプログラムもアクションプランへカスケードされていた。図表 4.7 のように双方向の結びつきがあり，アクションプランが実施されれば戦略目標も達成される関係であった。

　第2の特徴は，看護部の部門 BSC と手術室が全く同じ業績評価指標とアクションプランを設定していたことである。手術室が自らの課題であると認

129

識して，業務改善を行った。言い換えれば，手術室で設定したアクションプランがそのまま看護部の目標となっていた。

第3の特徴は，戦略目標を看護部の業務計画目標にカスケードするとき，手術室の効率化から手術室体制の再構築と手術室キットの集約化にカスケードしたことである。業務活動として実現しやすい具体的な目標に落とし込まれている。

4　戦略のカスケードを通じたインタンジブルズの構築

前節では，総合外来と手術室のカスケード実践と成果を検討した。戦略から落とし込まれた目標を実現するというカスケード本来の目的が達成されていることが確認された。本節では，カスケードされた業績評価指標を達成するための過程を通じて，インタンジブルズがいかに構築されたのかを明らかにする。最初に，学習と成長の視点のESの向上という戦略目標と結びつけられた総合外来について検討する。次に，内部プロセスの視点の手術室の効率化という戦略目標と結びつけられた手術室を検討する。最後に，カスケードが戦略目標の実現に貢献するだけでなく，カスケードされた戦略目標を実現する過程で価値観変革をも引き起こした点を明らかにする。

4.1　総合外来のインタンジブルズの構築

総合外来では，ブースごとに業務を平準化して，残業時間の削減を目指す業務改善を行った。総合外来の業務は，救急外来のように資格の必要なブースとそれ以外の業務がある。資格が明確な場合には，クリニカルラダーを構築できる。ところが，それ以外のブースでは業務が多岐にわたるため，必ずしも技能習得のクリニカルラダーが明確ではない。そこで，総合外来の鈴木

第4章　戦略のカスケードによるインタンジブルズの構築

　科長は，まず，育成基準チェックリストを作成して，入職したての看護師育成のレベルを底上げした。次に，スケジュールパスを作成して，看護師一人ひとりの技術を判断した。

　図表 4.8 に示したスケジュールパスによって，看護師の技術の測定を行う。各看護師の技術が可視化できたら，データベースでプログラム化して，各ブースに翌週の要員配置を割り振る。たとえば，看護師 A のスキルでは放射線科と化学療法室で勤務が可能である。一方，看護師 B のスキルでは放射線科，透析室，そして内視鏡の業務が行える。そこで，翌週の月曜日の放射線科には A と B を配置する，といった具合である。特定の看護師を医師が指名するのではなく，ブースに必要なスキルを有した看護師の配置となるため，特定の看護師に業務が偏らないように調整できる。

　科長主導でブース数を集約した結果，ブースごとで業務内容が専門化された。またブース内で看護師の教育活動が行われ，特定の医師が特定の看護師に依存するという関係を防ぐことができた。ブース改革にあたっては，従来の方式を希望する医師からの反発を受けたという。それに対して，「緊急の検査は人員がいないからできないか，私たちの誰かが手伝いに行ける場合のどちらがいいですかと提示をしたら，おのずとそっち（筆者，ブース改革）になっていきますよね」と答えてくれた。また，医師からの指示待ちだった一般職もスキルアップすることで，医師へのサポートができるようになった。

　ブース改革は，インタンジブルズの構築と関係している。スケジュールパスは救急外来以外のすべてのブースに置かれており，入職したての看護師にとって必須の習得すべき項目が示される。スケジュールパスの活用を通じて，個々の看護師が担当できるブースを増加させられる。要するに，育成基準チェックリストとスケジュールパスは，複雑で技能習得を明文化しにくい総合外来の仕事を習熟度に置き換えたもので，クリニカルラダーに相当する。ブースごとに構築したクリニカルラダーによる教育はスキルに関連した人的資産の構築である。次に，構築されたクリニカルラダーやブースに配置可能

図表 4.8 総合外来のスケジュールパス（入門レベル C1 の 4〜6 月）

		4〜6 月
到達目標		外来の特徴がわかり 1 つのブースで指示された業務ができる
担当業務		透析，救外，内視鏡，フロアー
必須技術	看護技術	・バイタル測定（成人）：体温，呼吸，心拍，血圧，酸素認知度 ・意識レベル：JCS,GCS，瞳孔測定，MMT ・静脈注射ガイドライン ・注射：皮下注射，筋肉注射 ・採血：安全装置付き翼状針 ・末梢静脈路の確保をしながらの採血 ・採血スピックの選択，必要な血液量の理解と分注 ・デキスターによる血糖測定 ・胸水・腹水穿刺の準備 ・吸引：経口，鼻腔からの吸引，吸引からの痰培養，自己喀痰からの痰培養 ・BLS ・外科的処置：消毒，接結操作，包交，包帯法 ・血液培養採取の介助
	日常生活援助	・食事・飲水介助 ・排泄・差し込み便器（男女），床上尿器（男女），オムツ交換，浣腸 ・移動・移乗：ストレッチャー，車椅子，トランス，スライダー ・体位変換
	医療機器	・心電図モニター，12 誘導心電図 ・輸血ポンプ，輸注ポンプ ・酸素：中央配置，ボンベ交換，投与方法（マイク，カヌラ，リザーバー） ・血ガス，i-STAT の使用
	検査依頼	・検体提出（中央検査室，病理検査室） ・画像：レントゲン，CT，MRI ・生理検査：エコー，心電図
看護記録		・電子カルテの基本操作 ・経時記録（用語集使用） ・患者スケジュール（実施チェック） ・口頭指示簿
その他		・私物取扱い ・SPD 管理，WEB 請求，中材管理，ゴミの分別 ・薬品請求 ・SVM
ビジネスマナー		・挨拶・言葉遣い ・身だしなみ ・守秘義務，プライバシーの配慮 ・電話対応，ナースコール対応
社会人基礎力		・連絡・相談・報告がわかる
院内研修		・静脈注射ガイドライン ・基礎看護技術 ・フレッシュマン研修 ・院内 BLS 研修

出典：海老名総合病院提供資料。

な看護師を可視化したデータベースは，情報資産の構築に相当する。

4.2　手術室のインタンジブルズの構築

　手術室のアクションプランに設定された新運用体制を構築する一環として，手術室ではクリニカルラダーを作成した。手術室のクリニカルラダーは，スケジュールパスとラダー別習得術式で構成されている。スケジュールパスとは，手術室看護師の年間目標や習得方法の概要が記載されている表である。スケジュールパスの項目は，初心者・新人最終到達レベル，基本的な進行および習得方法，細部目標，ラダー別習得術式，手術看護実践に必要な知識，分散教育・集合教育，評価，話し合い，アウトカムの10項目からなる。自身のレベルに応じたスケジュールパスに沿った活動の実践を通じて，手術室での業務に必要な技術が習得できる。

　スケジュールパスの具体例を，図表4.9を参考に明らかにする。図表4.9は入門レベルであるC1の4月分のスケジュールパスである。育成計画は年間のスケジュールに沿って可視化されている。この細部目標には，手術室の特徴や感染症対策を知るといった習得目標が設定されている。設定された目標の達成方法や習得方法の項目がある。習得方法，細部目標，手術看護実践，アウトカムは，4半期ごとに設定されている。

　図表4.9に示したように，自身の能力にあわせて各期でスキルや文化等を習得していく。年間スケジュールを達成する場合の初心者・新人の最終到達レベルは，5項目で明記されている。第1は，ガイドラインに沿って外回りと器械出しが安全・確実にできる。第2は，自分の役割と責任を果たせる。第3は，教育プログラムを学ぶことができる。第4は，手術看護に関心が持てる。第5は，倫理的側面を理解できるである。C1の要求水準を満たした場合はC2のスケジュールパスへと階段を上る。

　次に習得術式表を明らかにする。これは術式ごとに何を習得すべきかを記

図表4.9　手術室のスケジュールパス4月分（初心者・新人（C1））

項目＼月	4月
初心者・新人 最終到達レベル （年間）	1．指導のもと，手術看護に必要な基本的知識・技術・態度を身に付け定められたガイドラインに沿って，外回り看護・器械出し看護が安全・確実にできる 2．手術チームのメンバーの一員として自分の役割と責任が果たせる 3．看護実践や院内外の教育プログラムの参加により学ぶことができる 4．手術看護に関する研究的取り組みに関心が持てる 5．看護実践における倫理的側面を理解できる
基本的な進行 及び習得方法	○看護部中央オリエンテーション ○手術の介助を指導者とともに実践する ○手術室オリエンテーション（アシスタント業務・中材業務含む）
細部目標	○職場の雰囲気に慣れる　○手術室の特徴（構造）を知る ○手術室看護の特徴を知る ○消毒・滅菌方法を知り，清潔操作を実施できる ○手術室における感染対策を知る
ラダー別習得術式	習得術式参照
手術看護実践 （器械出し・ 外回り看護） に必要な知識	1．手術侵襲と生体反応 1）麻酔 （1）麻酔の基礎知識　（2）ハイリスク患者の麻酔　（3）疼痛管理
分集 散合 教教 育育 （年 間）	分散教育： 部署OJT	○手術室教育担当によるオリエンテーション ○麻酔科医による麻酔方法についてのレクチャー　等 ○パートナーと振り返り　適宜
	集合研修 実践 （予定）	○学研講義配信研修　基礎習得コース □注射法の知識と手技の実際（4／9〜5／12） □これだけは知っておきたい薬の知識（5／14〜6／16） □麻酔の基礎知識と沈痛・鎮痛の考え方（5／26〜6／23）
評価	○一般看護職・手術室用　職能要件書 ○目標面接：科長・主任と業務面接
話し合い	○教育サポーターとの面接　年3回実施 毎月実施：○チーム会　○全大会
アウトカム	○看護部中央研修と手術室オリエンテーションが受講できる ○手術室の設備・構造を理解できる ○手術室の日勤の流れが理解できる ○担当手術の予習・復習の方法を理解できる ○感染症時の対応が理解できる ○4月チェックリスト技術及びラダー別習得術式C1を習得できる ○1人の患者に対して入室〜退室でどのようなかかわりを持つのか理解できる

出典：海老名総合病院提供資料（4月のスケジュールのみに編集）。

第 4 章　戦略のカスケードによるインタンジブルズの構築

載した表である。スケジュールパスを機能させるには，図表 4.10 で示した
習得術式表が重要である。習得術式表によって，各看護師が有している技能
を測定できる。手術室では，習得すべき術式は 125 の種類があるという。術
式の習熟度は自己評価と他者評価で測定される。外科の術式を例示すれば，
腹腔鏡下膵体尾部切除術，腹腔鏡下結腸切除術などがある。術式は難易度の
高い術式，緊急性が高い術式，その他に分かれている。術式を習得できると
マーカーで塗りつぶすので，習得術式表を見れば看護師ごとの技能を客観的
に可視化できる。

　手術室では，スキル以外にもクリニカルラダーで管理する要素として，基
本理念・価値観・中長期ビジョン（mission, values, vision：MVV）を理解
させたり，役割意識を醸成させるという項目がある。MVV と役割意識の醸
成などをクリニカルラダーに取り込んでいるため，手術室では一般職でも
MVV の理解が進んでいた。手術室の看護師は役割意識をもって仕事をして
おり，離職率を抑えている取り組みがインタビューでわかった。この点につ
いて，舩山科長は以下のように解説してくれた。

　　「ラダーにそういう項目（MVV）があって，……求めている役割意識
　　を果たしてくれない人（は）……海老名総合病院では働けないという厳
　　しい話もしております。」

　手術室にカスケードされた目標を達成する過程を通じて，インタンジブル
ズが構築された。クリニカルラダーによって構築された看護師のスキルは人
的資産に該当する。また，クリニカルラダーの構築は情報資産に相当する。
　クリニカルラダーは業務管理に特化しているという課題がある。クリニカ
ルラダーは目標管理と連動して，戦略のカスケードにより戦略実行の一翼を
担っている。ところが，クリニカルラダーによる人材育成は看護師ごとに独
立しており，手術室の効率化という戦略目標を実現するためにはどの程度の

135

図表 4.10　手術室器械出しの習得術式表

125 術式		外科	産婦人科	泌尿器科	…
C1	難易度の高い術式	腹腔鏡下膵体尾部切除術	○○手術		
		膵頭十二指腸切除術	○○手術		
		肝部分切除術	○○手術	○○手術	
	緊急性が高い術式	消化管穿孔手術			
		イレウス解除	○○手術		
		胆囊摘出術	○○手術		
		鼠経ヘルニア手術（成人）	○○手術	○○手術	
		腹腔鏡下結腸切除術		○○手術	
		胃切除術(B-Ⅰ／B-Ⅱ／R-Y)	○○手術	○○手術	
		人工肛門閉鎖術	○○手術	○○手術	
		痔核手術	○○手術	○○手術	
診療科		外科	産婦人科	泌尿器科	…
備考		使用基準：ピンク⇒すでに習得済みの術式　グリーン⇒今年度習得した術式　に沿ってマーカーで印をつける			

出典：海老名総合病院手術室の資料の一部を掲載。

人材育成が必要なのかは不明である。クリニカルラダーの目標値を内部プロセスの視点の戦略目標を下支えするという観点から設定されることが期待される。

4.3 現場実践による価値観変革

　内山院長（当時）が海老名総合病院へ BSC を導入した理由の1つに，病院が向かうべき方向性を示し，職員間で共有するという目的があった。従来は，医師も看護師もすべての職員がバラバラの方向を向いていた。院長の戦略にベクトル合わせをするために，BSC を導入した。その後，BSC をより医療の言葉としてわかりやすくするために，院長はチーム医療の実現が目指すところだと指摘するようになった。

　院長が策定した病院 BSC のカスケードを効果的に実行するために，看護部では恩田副看護部長（当時）が部門 BSC として業務計画関連図とマネジメントシート[4]を構築し，戦略の BSC を業務の BSC へと落とし込むことに成功した。同様に，看護部の部署である総合外来と手術室はクリニカルラダーを通じてカスケードされた目標を達成した。戦略の業務へのカスケードが功を奏したことが理解できる。

　ところで，チーム医療とは，医師，看護師，医事課あるいは患者や患者の家族までが連携して治療やケアにあたることである。総合外来や手術室といった科だけが効率化することではない。これらの部署が病院 BSC，部門BSC のカスケードを通じて，医師やほかの看護部と連携を取っていくことである。総合外来は，医師との連携がうまくいくようになり，そのことを通じて患者や患者の家族との連携が期待できるようになった。また，手術室では，手術室の効率化が，手術件数の増加につながった。連携強化や，その結果としての手術室の効率化は，医師に対してスムーズな手術サポートができるだけでなく，手術を待つ患者や患者の家族にも安心を提供できるように

---

4) スコアカードに相当する。病院 BSC は，戦略を可視化する戦略マップと戦略を測定するスコアカードから構成される。一方看護部部門 BSC は，戦略を可視化する業務計画関連図と戦略を測定するマネジメントシートから構成される。

なった。

　部署内の連携だけでなく，他部署・他部門との連携も重要である。医療行為は，特定の部署・部門で完結するのではなく，救急搬送，手術，術後の病棟看護などさまざまな部署と連携することになる。したがって特定の部署だけが効率化を達成したとしても，どこかでボトルネックが生じてしまえば，チーム医療とは呼べない。手術室の後工程の例を示すと，病院 BSC では，手術室の効率化とベットコントロールの機能強化を因果関係で結んでいる（伊藤，2014，p. 168）。ベットコントロールの強化とは，たとえばすでに回復期にある患者に対して，2 日以内に退院が可能であると伝えると，退院に備えてスムーズに準備が行えるため，次の患者を素早く迎え入れられる。以前は医師が当日に入院患者に対して，退院可能であると伝えるケースがあったという。このようなケースから，日々看護を行っている看護師が医師に対して退院のタイミングを助言するようになり，ベットの回転率が向上した。病棟内でも医師との連携をうまく行うことで，ベットの回転率を高めることにもつながった。

　連携について，病院内だけでなく地域との連携強化も病院 BSC に記載している（伊藤，2014，p. 168）。地域との連携強化は，地域連携室や救急外来の看護体制再構築との関わりがあり，病院戦略を達成するために手術室や総合外来との協力が不可欠である。

　以上のように，病院戦略を BSC で策定しカスケードを通じて特定部署がバラバラに業務改善を行うのではなく，チーム医療を実践するように，各従業員を方向づけていたことが示唆された。この事例は，組織資産に該当するインタンジブルズが構築されていたと考えられる。院長が設定したビジョンに向かって，各個人レベルの意識改革ではなく，組織全体で価値観変革が起きたことが示唆される。

　本章は，主として総合外来と手術室という 2 つのケースを取り上げてチーム医療への価値観変革を明らかにしたが，海老名総合病院全体が価値観変革

している可能性がある。このケースはBSCを主導した内山院長，看護部の業務計画関連図とマネジメントシートを構築した恩田副看護部長，総合外来のブース集約を実践した鈴木科長，手術室の効率化を実践した益田科長がそれぞれの役割を担当することで生じた。

まとめ

　本章の目的は，戦略のカスケードによってインタンジブルズがいかに構築されるのかをケーススタディによって明らかにすることであった。研究を行った結果，以下の3点を発見した。

　第1の発見は，少なくとも2種類のカスケードの仕方があることである。戦略目標を実現するためには，戦略としての業績評価指標とアクションプログラムを業務計画目標，業績評価指標，アクションプランへと落とし込むのが本来の姿であると考えられる。これを実践したのが手術室のカスケードである。ところが，戦略目標を前提としたとき，戦略としての業績評価指標を業務としての業績評価指標へと落とし込むだけでも効果的であるという総合外来のカスケード実践を発見できた。目標値を達成するための手段であるアクションプランは，現場の総合外来科長によって構築され，推進されていた。したがって，指標のみが落とし込まれる一方向の結びつきでも，指標とアクションプランが落とし込まれる双方向の結びつきでも，同様の効果が得られることが示唆される。

　第2の発見は，アクションプランと戦略の関係である。総合外来に落とし込まれたESの向上という戦略目標には，アクションプログラムが設定されておらず，総合外来が自ら工夫して時間外勤務の削減策を講じた。他方，病院BSCに記載されている手術室の効率化は，アクションプログラムを手術室委員会の下で，手術室科長がリードして手術室を効率化した。両部署を比

較すると，総合外来は戦略と結びつかないアクションであったが，手術室は戦略と結びついたアクションプランであった。病院全体，看護部門，総合外来と手術室という異なる組織階層間で，看護師自らが戦略目標を達成するための実践が行われていた。

　第3の発見は，総合外来，手術室共に戦略実行のためにカスケードを行った結果，戦略目標を達成するためにインタンジブルズの構築につながった点である。分析の結果，総合外来と手術室とで，人的資産，情報資産，さらに組織資産といったインタンジブルズが構築されていた。また，医師の指示待ちだった職員が，自ら考えて医師をサポートするように意識変革していた。このことは，従来は職員がバラバラの方向を向いて業務を行っていたことを問題視した院長が病院BSCを導入し，看護部が業務計画関連図とマネジメントシートを作成したことで，科長がクリニカルラダーを作成するようになり，結果として，職員が自ら医師をサポートするようなチーム医療を行う体制へと価値観が変革したと考えられる。一方，カスケードの違いによってインタンジブルズの構築に違いは見られなかった。このことから，カスケードの違いによってインタンジブルズの構築に影響を及ぼすというよりも，エンパワーメントされた職員がインタンジブルズを構築することが判明した。

第4章 戦略のカスケードによるインタンジブルズの構築

参考文献

Benner, P. (2001), *From Novice to Expert Excellence and Power in Clinical Nursing Practice*, Prentice Hall (井部俊子訳 (2005)『ベナー看護論：初心者から達人へ』医学書院).

DeBusk, G. K. and C. DeBusk (2011), Combining Hoshin Planning with the Balanced Scorecard to Achieve Breakthrough Results, *Balanced Scorecard Report*, November–December, pp.7–10.

Fitzgerald, J. (2006), *Moving up in The New Economy : Career Ladders for U.S. Workers*, ILR Press (筒井美紀・阿部真大・居郷至伸訳 (2008)『キャリアラダーとは何か：アメリカにおける地域と企業の戦略転換』勁草書房).

Kaplan, R. S. and D. P. Norton (1992), The Balanced Scorecard : Measures that Drive Performance, *Harvard Business Review*, January–February, pp.71–79 (本田桂子訳 (1992)「新しい経営指標 "バランスド・スコアカード"」『Diamond ハーバード・ビジネス・レビュー』4–5月号，pp.81–90).

Kaplan, R. S. and D. P. Norton (2004), *Strategy Maps : Converting Intangible Assets into Tangible Outcomes*, Harvard Business School Press (櫻井通晴・伊藤和憲・長谷川惠一監訳 (2014)『戦略マップ [復刻版]：バランスト・スコアカードによる戦略策定・実行フレームワーク』東洋経済新報社).

Kaplan, R. S. and D. P. Norton (2008), *The Execution Premium, Linking Strategy to Operations for Corporate Advantage*, Harvard Business School Press (櫻井通晴・伊藤和憲監訳 (2009)『戦略実行のプレミアム』東洋経済新報社).

Laughlin, R. C. (1991), Environmental Disturbances and Organizational Transitions and Transformations : Some Alternative Models, *Organization Studies*, Vol.12, No.2, pp.209–232.

Lorence, M. J. (2010), One If by Land, Two If by Sea : Using Dashboards to Revolutionize Your Performance Management System, *Balanced Scorecard Report*, January–February, pp.10–13.

Malmi, T. and D. A. Brown (2008), Management Control Systems as a Package– Opportunities, Challenges and Research Directions, *Management Accounting Research*, Vol.19, No.4, pp.287–300.

Mintzberg, H. and F. Westley (1992), Cycles of Organizational Change, *Strategic*

141

Management Journal, Vol.13, pp.39-59.

伊藤和憲（2007）『ケーススタディ戦略の管理会計：新たなマネジメント・システムの構築』中央経済社。

伊藤和憲（2013）「海老名総合病院の BSC 導入とカスケード」『医療バランスト・スコアカード研究』Vol.9, No.2, pp.75-84。

伊藤和憲（2014）『BSC による戦略の策定と実行：事例で見るインタンジブルズのマネジメントと統合報告への管理会計の貢献』同文舘出版。

伊藤克容（2013）「経営課題としての「組織変革」に対する管理会計の貢献可能性」『成蹊大学経済学部論集』Vol.44, No.2, pp.97-107。

伊藤嘉博（2001）「第 4 章　戦略的目標管理：リコーの事例」（伊藤嘉博・清水孝・長谷川惠一『バランスト・スコアカード：理論と導入』ダイヤモンド社, pp.41-53）。

乙政佐吉・梶原武久（2009）「バランス・スコアカード実践の決定要因に関する研究」『原価計算研究』Vol.33, No.2, pp.1-13。

櫻井通晴（2008）『バランスト・スコアカード（改訂版）：理論とケース・スタディ』同文舘出版。

清水勝彦（2011）『戦略と実行：組織的コミュニケーションとは何か』日経 BP。

山田義照・伊藤和憲（2005）「BSC と方針管理における役割期待とその関係：戦略プロセスとの関連を中心に」『原価計算研究』Vol.29, No.1, pp.47-57。

第5章
インタンジブルズのマネジメントと戦略の修正

はじめに

　今日，管理会計やマネジメントコントロールの分野では，戦略策定，マネ
ジメントコントロール，業務管理を個別に最適化すべきではなく，統合しな
い限り効果的なマネジメントは実現できないと主張されている（Simons,
1995；Kaplan and Norton, 2008；Malmi and Brown, 2008；Ferreria and Ot-
ley, 2009）。かつては，Anthony（1965）が，戦略的計画，マネジメントコ
ントロール，オペレーショナルコントロールを明確に区分して，各階層のマ
ネジャーが，それぞれを管理するよう提案した。しかし，策定された戦略は，
戦略自体を実現する業務と区分できるのかという問題提起がなされてきた。
戦略と業務を分断する方法が適切であるのかという潮流から，Kaplan and
Norton（2008）は戦略と実行を結びつける循環型マネジメント・システム
を提案した。また，伊藤（2014, p. 265）は戦略と業務計画を結びつけた統
合型マネジメント・システムを提唱した。
　伊藤（2014）や Kaplan and Norton（2008）の提案は，戦略の策定と実行
の統合を強調する。実行が伴わなければ，策定した戦略は絵に描いた餅であ
る。戦略の策定と実行は統合され，全体最適化を図ることで，マネジメント・
システムの有効性が増す。従来，戦略は所与であり修正を行うプロセスがな
かったが，統合型マネジメント・システムにより，業務活動の PDCA サイ

143

クルに加え，戦略を修正するサイクルが加えられた。

　しかし，戦略を実行した結果，戦略の修正をいかに行うべきかについては十分な研究がなされていない。たとえば，奥（2013）によると，「どのような戦略を策定すべきかといった戦略の策定段階の議論は盛んに行われているが，すでに実行されている計画的戦略の戦略修正を論じている事例は非常に少ないのが現状である」という（奥，2013，p. 39）。経営環境が激しく変化する中，環境に適応できるように戦略修正を行う意義は大きいと考えられる。本章では，戦略修正のプロセスを参与観察によって明らかにする。

　本章は，海老名総合病院の戦略修正に関わる課題を取り上げる。統合型マネジメント・システムの要の一つである戦略修正の検討，とりわけ達成した戦略目標をどのように取り扱うのかは，これまで議論が行われてこなかった。第1節では，統合型マネジメント・システムの概要と戦略修正の課題を明らかにする。第2節では，戦略修正に関する先行研究，コントロール・システムの分類，戦略的実施項目の実行主体を明らかにする。第3節では，BSCレビュー[1]への参与観察を通じて，戦略修正に関してこれまで検討されてこなかった課題を明らかにする。第4節では，戦略修正のインプリケーションを明らかにする。最後に本章をまとめる。

1　統合型マネジメント・システムと戦略修正の課題

　本研究では，統合型マネジメント・システムを，①事業戦略の策定，②業務計画への落とし込み，③モニタリングと修正で構成されるものと捉えている。本章では，統合型マネジメント・システムの構成要素のうち，③に該当するモニタリングと修正に関する課題である戦略の修正を検討する。Kaplan

---

1)　BSC の戦略目標の達成度や目標を達成する方法を検討する会。詳細は 3.3 で述べる。

and Norton（2008）は，戦略修正を行う手段として統計分析による方法と，会議による方法を明らかにした。本章のリサーチサイトである海老名総合病院では，会議による検討によって戦略の修正を行っている。

　奥（2013）は，戦略の修正を戦略実行のアラインメントと戦略目標間のアラインメントに分類して検討した。戦略実行のアラインメントとは，戦略を尺度，目標値，戦略的実施項目，業務管理ツールに落とし込むことを指す。戦略実行のアラインメントは，スコアカードで管理される項目であり，スコアカードに表示される項目の修正が戦略修正となる。たとえば，戦略的実施項目を実施しても実績値と目標値のギャップをほとんど改善できないとき，戦略的実施項目や目標値の水準は適切か，尺度の設定に問題はないか，などという見直しを行う。

　戦略目標間のアラインメントは，戦略テーマに基づき，戦略マップの4つの視点の戦略目標を記述したうえで，戦略目標間の因果関係を記述することを指す（奥，2013）。戦略目標間のアラインメントは，戦略マップで可視化されている戦略目標や因果関係に関する修正が戦略修正となる。たとえば，目標値を達成できたとしても，原因となる達成した戦略目標が結果である戦略目標の改善に影響しないとき，戦略目標間の因果関係が正しかったのかを見直す場合などである。

　奥（2013）が分類した戦略修正は，BSC で構築した仮説に従って戦略を実行しても，評価指標が未達成の場合に行う戦略修正である。一方，本章の検討課題は，戦略目標が達成された場合の修正である。すなわち，戦略目標間の因果関係が正しいと仮定して，一部の戦略目標が効果的に達成できたとき，戦略目標間の因果関係を保つために達成された戦略目標を戦略マップに残しておくべきか，それとも削除するべきかという問題は，これまで明らかにされてこなかった。本章で検討する戦略修正に関わる課題は，理論的課題ではなく実践的課題であり，この課題解決を通じて，策定した戦略がより効果的に実現できるようになると期待される。

145

2　コントロール・システムと戦略の実行主体

　本節では，第1に，戦略修正の先行研究をレビューする。第2に，戦略修正に関するコントロール・システムを理解するために，診断的コントロール・システムとインターラクティブコントロール・システムについて明らかにする。第3に，海老名総合病院が行っている戦略を実行に移すための仕組みについて検討する。

2.1　戦略修正の先行研究

　戦略修正について，Kaplan and Norton（2001）は，伝統的なマネジメントコントロール・システムの1つである予算管理と対比して，BSCによる戦略修正のプロセスを明らかにした。奥（2013）は戦略修正を，組織成員間で共有された計画的戦略が変更されることと定義している（奥，2013，p. 38）。計画的戦略とは，将来の予測に基づき策定され，戦略の実現が予期された戦略を意味する（奥，2013）。

　戦略修正が重要になるのは，戦略策定は依然としてアートであり，サイエンスではないからである（Kaplan and Norton，2008，p. 251）。策定した戦略は仮説であり，実行を通じて戦略仮説を修正していくという考えである（Kaplan and Norton，2001，p. 75）。BSCを用いて戦略を実行する最大の利点は，スコアカードを通じて収集したデータを利用して，当初策定した戦略仮説が妥当であるかを定期的に評価できる点にある。

　戦略修正の方法について，Kaplan and Norton（2008）は，統計分析による仮説検証方法を明らかにしている。統計的な仮説検証の一例として，サービス・プロフィット・チェーンを応用したシアーズの事例がある。サービス・プロフィット・チェーンとは，収益性，顧客のロイヤリティ，社員の満

第5章 インタンジブルズのマネジメントと戦略の修正

図表5.1 エンプロイー・カスタマー・プロフィット・チェーン

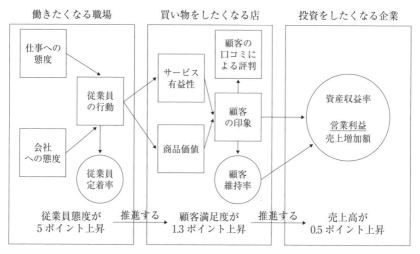

出典：Rucci et al. (1998, p.91)。筆者訳。

足度，従業員のロイヤリティ，そして生産性のそれぞれを関連づけるものである (Heskett et al., 1994)。シアーズでは，従業員満足度と顧客満足度と売上高の関係をモデル化したエンプロイー・カスタマー・プロフィット・チェーンを構築した (図表5.1)。図表5.1に示したように，エンプロイー・カスタマー・プロフィット・チェーンはBSCに類似している。シアーズは，従業員満足度，顧客満足度を測定する指標を全米にある店舗から収集し，非財務指標と売上高の関係を分析した。分析の結果，従業員態度が5ポイント上昇すると，顧客満足度が1.3ポイント上昇し，その結果として売上高を0.5ポイント伸ばすという関係が実証された (Rucci et al., 1998)。

伊藤 (2011) は，戦略修正を検討するにあたり，シアーズとストア24を統計的な仮説検証を行った事例として取り上げた。シアーズやストア24のように複数の店舗が同じ戦略を実行しているケースでは，仮説検証のための

データを十分に収集できる。一方，事業部や子会社等で戦略が異なるケースを想定すると，十分なデータが取れず仮説が検証できないと指摘した。そして，大量サンプルの入手が難しい組織は，仮説検証を行わなくても，戦略マップとスコアカードの構成要素の取り替えや，数値の修正等は可能であるという。データ収集が困難な場合は，会議のように統計的検証とは別の方法で戦略修正を行う必要がある。

2.2　診断的コントロールとインターラクティブコントロールの意義

　本項では，戦略のコントロール手法である，診断的コントロール・システムとインターラクティブコントロール・システムを検討する。診断的コントロール・システムとは，マネジャーが組織の成果を監視し，事前に設定された標準からの乖離を修正するために用いる公式的な情報システムである（Simons, 1995, p. 59）。診断的コントロール・システムの特徴として，次の3つがあげられる（同，p. 59）。すなわち，①プロセスの成果が測定可能である，②実績と比較可能な事前に設定された標準値が存在する，③標準からの差異を修正できるである。診断的コントロール・システムは，意図した戦略の達成にとって重要な要素である重要成功要因（output variables）を測定する（同，p. 63）。診断的コントロールは，特に日常的な業務管理を行う場合に効果的である。なぜなら，業務管理では，あらかじめ何をなすべきかが明確であるため，目標設定が可能だからである。

　一方，インターラクティブコントロール・システムとは，部下の意思決定活動に介入するために定期的，個人的にマネジャーが用いる公式的な情報システムである（Simons, 1995, p. 95）。インターラクティブコントロール・システムの特徴として，次の4つがあげられる（同，pp. 96-97）。①システムが生み出す情報は重要であり，トップマネジメント間で繰り返し議論される，②あらゆる階層のミドルマネジメント（operating　manager）からの頻

繁な，そして定期的な注意を求める，③システムによって収集されるデータは，上司，部下，同僚が行う会議によって解釈と議論がなされる，④システムは継続的な課題に対する触媒であり，システムから得られるデータ，前提，アクションプランをもとに議論されるである。

Simons がインターラクティブコントロールについてあげた特徴に対して，Bisbe et al.(2007) は，インターラクティブコントロールに関するより精緻な分析を行った。分析の結果，インターラクティブコントロールの概念を満たすために必要な5つの要件を明らかにした。すなわち，①トップマネジメントによる徹底的な活用，②ミドルマネジメントによる徹底的な利用，③面と向かった討論，④戦略的不確実性へ焦点を当てる，⑤部下を侵害するのではなく，促進させ刺激を与えるような関与である。本章の第3節では，Bisbe et al. が例示した5つの要件に基づいて，海老名総合病院が実践しているBSC レビューを分析する。

診断的コントロール・システムとインターラクティブコントロール・システムという2つのコントロール・システムは，戦略を所与として考えるシングル・ループの学習と，戦略の修正が可能なダブル・ループの学習とに対応する。シングル・ループの学習とは，組織の現行方針を遂行させたり，その目的を達成させたりするプロセスである。一方，ダブル・ループの学習とは，重要な方針や目標そのものを問題視するプロセスである（Argyris，1977）。企業がコントロール・システムを活用するにあたって，両システムは一方だけが採用されるわけではなく，目的に応じて使い分けられる。また，特定の手法が診断的コントロール，インターラクティブコントロールに対応するわけではなく，使い方次第では，どちらのコントロール・システムとしても活用できる。

海老名総合病院では，「BSC という同じマネジメント・システムを用いて，診断的コントロール・システムとインターラクティブコントロール・システムが機能する」という（伊藤，2014，p. 184）。同病院は BSC という1つの

ツールで，診断的コントロールとインターラクティブコントロールという 2 つのコントロールを行っている。

2.3　戦略目標のオーナーと病院委員会の役割

　策定された戦略の進捗状況を監視するのは，スコアカードの役割である。スコアカードに記載される業績評価指標の目標値と実績値の乖離が埋まれば，戦略の実現に近づく。戦略の実現のためには，アクションプラン（戦略的実施項目）を実施する必要がある。本項では，海老名総合病院が戦略を実行に移す仕組みについて検討する。

　海老名総合病院では，戦略的実施項目をアクションプログラムと呼んでいる。アクションプログラムは，プロジェクトと互換的に用いることができる。プロジェクトとは，「独自のプロダクト，サービス，所産を創造するために実施する有期性のある業務」である（Project Management Institute, 2008, 訳，p. 5）。したがって，プロジェクトは定常的な業務とは異なり，特定の目標を達成するために一定の期間だけ結成されるという特徴がある。一方，アクションプランとは，プロジェクト内で行われる個々の活動を意味する。プロジェクトの中で，具体的に実施する活動に落とし込んだものをアクションプランと呼ぶ。つまり，アクションプログラムとアクションプランは，題目と具体的な方策という関係にある。

　アクションプログラムは，院長，副院長などの上級役職者が全責任を負っている。しかし，実際にアクションプログラムを遂行するのは，部署や委員会である。アクションプログラムをさらに具体的な活動であるアクションプランに落とし込んで，現場での実効性を担保している。関谷（2013）によると，「海老名総合病院では，戦略的実施項目を委員会と結びつけることで委員会の機能を改めて見直すだけでなく，委員会をとおして，バランスト・スコアカードの推進に医師を参加させている」という（関谷，2013, p. 210）。

150

第5章　インタンジブルズのマネジメントと戦略の修正

題目としての戦略的実施項目を確実に実行するためにアクションプランへの落とし込みが行われる体制が備わっている。

　アクションプログラムが委員会にカスケードされる例を見てみる。たとえば，2011年度において海老名総合病院の戦略目標の1つである「ベットコントロール機能強化」のアクションプログラムは，入口（救急）と出口（退院調整）の体制構築，メディカルプラザとの連携体制強化である。このプログラムの責任は，病院のトップマネジメントである副院長が担っている。一方，病床調整委員会がアクションプログラムの実行責任者である。また，看護部には看護部で独自に組織化する委員会があり，看護部の委員会がアクションプランを実施するという流れである。

3　海老名総合病院の業務活動の修正と戦略修正

　本節では，海老名総合病院のケースを通じて，業務活動のPDCAサイクルと戦略修正（戦略のPDCAサイクル）を掘り下げて検討する。第1項では，BSC活用による海老名総合病院の成果を概観する。第2項では，診断的コントロールにより行われる看護部業務活動のPDCAサイクルを検討する。第3項では，インターラクティブなレビューを通じて，制度改革に関する対話を検討する。第4項では，レビューの対話から示唆されたスキル向上というインタンジブルズに関わる戦略修正について検討する。第5項では，戦略目標が達成された場合に生じる問題点について明らかにする。

3.1　海老名総合病院のBSC活用による成果

　第2章，第4章でも示したが，海老名総合病院がBSCを導入した要因は，病院の多くが赤字に陥る中，病院院長である内山院長が危機感を抱いたこと

図表 5.2　海老名総合病院の財務業績の推移

医業収益 ＼ 年度	2009 年度	2010 年度	2011 年度	2012 年度
医業収益	97.7 億円	105.1 億円	111.6 億円	116.8 億円
医業利益（経常利益）	0.3 億円	2.6 億円	3.3 億円	10.8 億円

出典：伊藤（2014, p. 165）。

図表 5.3　ベットコントロール機能強化に関する指標

業績評価指標 ＼ 年度ごとの実績値・目標値	実績値					目標値	
	2010 年度	2011 年度	2012 年度	2013 年度	2014 年度	2014 年度	2015 年度
病床利用率	79.2%	79.3%	78.8%	78.4%	79.0%	80.8%	83.0%
ICU 病床利用率	78.0%	80.5%	83.0%	73.7%	74.2%	90.0%	
HCU 病床利用率			87.2%	86.5%	91.2%	95.0%	
平均在院日数	13.0 日	13.0 日	12.2 日	12.3 日	11.4 日	11.5 日	11 日
病床回転率	2.3 回転	2.3 回転	2.5 回転	2.5 回転	2.7 回転	2.6 回転	2.8 回転
長期入院患者割合	21.9%	7.8%	8.0%	7.8%	5.9%	6 %	5 %
平均入院患者数	370 人/日	367 人/日	375 人/日	374.1人/日	377.8人/日	385 人/日	398 人/日

出典：海老名総合病院提供資料より筆者抜粋。

が背景である。BSC の導入により，戦略的な病院経営を目指した。BSC を一度に病院全体へ部門展開したわけではなく，2011 年度に科と部門（診療部外科，総合内科，糖尿病センター，医事課，薬剤科，看護部）で 1 年間の試行段階を踏まえたうえで，戦略を落とし込んだ。戦略の落とし込みは看護部だけでなく，診療部，コメディカル，医事課とすべての部門で展開された。

2011 年度は，戦略マップの中から重点事業項目 （特に重視する戦略目標）として「断らない救急医療[2]」，「ベットコントロール機能強化」，「クリニカルパスの推進強化」，「業務改善活動の強化・充実」の 4 項目を取り上げた。

第5章　インタンジブルズのマネジメントと戦略の修正

4項目の戦略目標を測定する業績評価指標として，救急断り件数，平均在院日数，病床利用率，クリニカルパス数とクリニカルパス使用率，院内業務改善取組数を用いている。業績評価指標として設定されたこれらの非財務指標は，同病院のインタンジブルズとして，財務業績を向上するバリュー・ドライバーとなっている。経営企画室の高野氏によれば，「ベットコントロールが財務業績に貢献したと考えられる」と指摘した。図表5.2に示すように，戦略マップによって戦略を俯瞰しながら重点事業項目，特にベットコントロール（図表5.3を参照）に集中した結果として財務業績が高まったと考えられる。

3.2　業務活動の修正を行う診断的コントロールの実態

戦略のマネジメントと業務活動のマネジメントでは，マネジメントの役割が大きく異なる。戦略のマネジメントでは正しいことを行わなければならない。正しいこととは，トップマネジメントが戦略マップに描いた仮説である。戦略マップは仮説にすぎないため，戦略の実行中に不適切な箇所が見つかれば，戦略の修正が行われる。一方，業務活動のマネジメントでは事を正しく行う必要がある。事を正しく行うとは，決められた業務を効率的に行うことである。効率性を測る尺度は競合他社とのベンチマークなどによって決められる。

看護部の業務計画のPDCAサイクルは図表5.4のようになっている。院長によって策定された戦略は，業務計画関連図（看護部部門BSC）に落とし込まれる。業務計画関連図で設定された目標は病棟委員会から各病棟に，あるいは各部署にカスケードされ，最終的に各病棟で勤務する看護師の目標に落とし込まれる。図表5.4の院長からナースにいたる太い矢印が，目標値

---

2)　本章では，海老名総合病院の戦略マップに記載されている戦略目標をカギ括弧で示す。

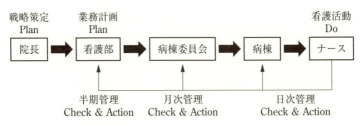

図表 5.4　看護部の PDCA サイクル

出典：伊藤（2014, p. 172）。

を落とし込む流れを表している。看護師個人の目標値という形で設定されると，図表 5.4 の細い矢印で PDCA サイクルが回される。具体的には，日常的には個人の PDCA サイクルが回され，病棟委員会で月次に PDCA サイクルが回され，最終的に半期単位で看護部の PDCA サイクルが回される。これらの PDCA サイクルには，病院全体と看護部の課題を同時に達成するために，診断的コントロール・システムが機能している（伊藤，2014, p. 177）。

　診断的コントロール・システムでは，業務の効率的な実施が重要となる。目標値は所与として与えられており，実績値との比較を行い，両者のギャップを埋めるためのアクションがとられる。部門レベルに落とし込まれた目標値は診断的コントロールを通じてマネジメントされる。

　以上，日常業務でのマネジメントを示したが，戦略の修正はどのように実践されているのであろうか。次項以降では，戦略が修正されるプロセスを検討する。

3.3　戦略修正の基礎となるインターラクティブコントロールの実態

　戦略修正を検討する場として，Kaplan and Norton（2008, p. 313）は，戦略検討会議を提案している。海老名総合病院では戦略検討会議（BSC 推進

第5章　インタンジブルズのマネジメントと戦略の修正

会議）のほかに，BSC レビューの場でも戦略修正を行っている。同病院では，1年に2回，スプリングレビューとオータムレビューと呼ばれる BSC の戦略目標の達成度を検討する会が開かれている。レビューには，医師，看護師，コメディカル，医事課といった病院内のあらゆる部門の職員が参加する。2014年度のスプリングレビューでは，4日間のレビューで累計700名近くが参加した。4日間のレビューに関する内訳は，3日間は業務レベルの部門レビュー，1日が戦略レベルの病院レビューとなる。

　レビューの場では，BSC を診断的コントロール・システムとして使うのではなく，インターラクティブコントロール・システムとして活用している。レビューの目的は戦略目標の実績値と目標値の乖離を追求することではない。戦略の不確実性に対応するため，戦略目標の見直しに焦点がおかれている。また，そもそも設定した目標値や測定尺度は適切であるのか，戦略目標自体がふさわしいのか等を検討する。2014年度のスプリングレビューの中でも，発表に対する多くのインターラクティブな対話を観察できた。

　初めに，麻酔科の医師は，部門 BSC の目標値をすべて達成しているので，業務管理は的確に行われたと指摘した。この指摘は，自部門内では診断的なコントロールが的確に行われたことを示している。麻酔科の医師の報告に関連して，以下のような指摘が展開された。はじめに，医師の一人が「手術室の手術件数自体が増えておりますよね……コストに関心がありましたら，ダッシュボードというものがあります……他の病院とのベンチマークもできます」と指摘した。

　次に，看護副部長の報告の中で，「来年以降は……計画を立てて行ける人は（研修へ）行かせていきたいと思いますが限度額があります」として，研修に対する予算不足を指摘した。これに対して内山院長は，「残念ながら法人で……出張に関する費用援助に関する仕組みが整備されておりません。しかし……援助できることはやっていきます」と回答した。

　医師の一人が麻酔科の医師に対して，ダッシュボードというツールの提案

155

を行うことで，参加者間での情報共有にも繋がる。ダッシュボードという新たな情報システムを導入すると，質データやコストデータを把握できるというように，業務プロセスの視点の戦略目標を支援する情報システムの活用を提案するものであった。また，内山院長が看護副部長に対し，予算不足のため学会やセミナーへの参加は困難だと指摘した点も興味深い。スキルアップや学習する組織などのインタンジブルズを構築するために必須であるが，法人にはそのような予算制度がなく，制度変革を問題視する指摘であった。こうした意見に対して，院長は病院として予算の確保を約束して戦略目標の達成を支援したいとコメントした。

　以上の事例がインターラクティブコントロールに該当するのかを，第2節で述べた Bisbe et al.（2007）の5つの要件に当てはめて検討する。第1の要件である，トップマネジメントによる徹底的な活用では，トップマネジメントに相当する内山院長はレビューに毎回参加し，発表に対してコメントを行っている。第2の要件である，ミドルマネジメントによる徹底的な利用については，医師，看護師，コメディカル，医事課などのあらゆる部門の職員がレビューで成果や進捗度の発表を行っている。第3の要件である，面と向かった討論については，レビューの参加者は自由に議論に参加できる。本章で示した事例では，トップとミドルの討論となっているが，科長が発言する場合もある。第4の要件である，戦略的不確実性へ焦点を合わせるについては，レビューの議論が戦略目標について検討し，BSC で策定した仮説の修正が行えるため，戦略的不確実性に焦点を当てることも可能である。最後の要件である，部下を侵害するのではなく促進させ刺激を与えるような関与では，レビューの役割は診断的で未達成項目に責任を有する個人を責める場としてではなく，どのようにすれば目標を達成できるのかをさまざまな部署の職員と考える場としている。

　Bisbe et al.（2007）の5要件に当てはめて検討したように，海老名総合病院ではインターラクティブコントロールを実践していることが示唆される。

第5章　インタンジブルズのマネジメントと戦略の修正

したがって，海老名総合病院には，戦略修正が可能なインフラが構築されているとも理解できる。戦略を所与としない，ダブル・ループの学習が行われている。

3.4　戦略の修正とインタンジブルズのマネジメント

　本項では，戦略修正を中心としたレビューであるクリニカルパス委員会の報告を通じて，インタンジブルズのマネジメントのあるべき姿を検討する。同病院では，戦略目標の1つに「クリニカルパスの推進強化」を掲げている。クリニカルパスを作成すると，迅速な処置が可能となり，ベットコントロールに関する目標達成につながる。「クリニカルパスの推進強化」を達成するためには，インタンジブルズへの投資が不可欠である。

　クリニカルパス委員会の副院長はレビューの中で，「新規パスの作成は引き続き行います。パスの分析評価も考えて，今後パス委員会の組織再編を考えています。パスの認定士取得も考えております。院内職員へクリニカルパスの教育セミナーは引き続き行います」と報告した。パス教育の強化・パス認定士取得・パス学会の参加や学会発表など，人的資産の構築に関連する要素への投資を促し，戦略目標の達成を目指している。

　クリニカルパスに関連して，副看護部長は「電子カルテを開けるとパス130日目のようなものがあり，パスを使用しているが終了させていないというケースが多々見受けられます。なぜこのようなことが起こるのでしょうか」と質問した。それに対して副院長は「未終了の％についてはリストを上げて確認をしております。対策として，サマリーと同じように終了していない診療科にリストを上げて速やかに終了してほしいと督促します……職員へのパスの理解を進めるためにセミナーを今後開催していきたい」と応答した。督促の提出や，パスの理解を促進するセミナーの開催により，さらなる目標達成を目指していこうとしている。

157

副院長が述べた対策は，戦略的実施項目で対応しているにすぎず，インタンジブルズをマネジメントしているとは言いがたい。インタンジブルズのマネジメントとしては，第4章でも取り上げたグレイ・シラキュース社のケース（Kaplan and Norton, 2004）が興味深い。同社では製品の不良率低減という戦略課題を達成するために，目標達成に関わる人材の必要な職務をすべて洗い出し，スキルを5段階のレディネスとして評価した。従業員スキルの現状レベルを棚卸して，課題解決するための目標レベルを設定した。次に，目標値と実績値の差を埋める人的資産開発プログラムを作成し，プログラムの実施を通じて課題を解決した。

　グレイ・シラキュース社のようなインタンジブルズのマネジメントを行うケースを考えてみよう。「クリニカルパスの推進強化」でクリニカルパス使用率が目標未達となっているのは，恩田副看護部長が提起したパスの未終了問題に原因がある。「人材育成体制の強化・充実」で，クリニカルパスに関わる電子カルテのスキルをレディネス評価することが考えられる。たとえば，電子カルテを未学習，学習中，学習終了，指導可能といったレディネスで評価する。関係者のスキルを評価してPDCAを回せれば，人的資産に関わるインタンジブルズは大いに向上する。電子カルテ利用のスキルに関わる尺度を追加して戦略修正を行うことが，インタンジブルズのマネジメントにとって重要である。

3.5　戦略の修正を行わない達成済みの戦略目標

　海老名総合病院が2010年度にBSCを試行的に導入するうえで，戦略目標の重点事業項目と呼ばれるものを設定したことはすでに述べた。この重点事業項目の1つとして「ベットコントロール機能強化」がある。2010年度以降の「ベットコントロール機能強化」に関わる指標の推移を図表5.3に示した。図表5.3をみると，年度ごとに病床回転率が増加して，平均在院日数は

第5章　インタンジブルズのマネジメントと戦略の修正

減少した流れがわかる。これらの指標から，病院内のベットを効率的に運用していると示唆される。

　同病院では，「クリニカルパスの推進強化」によって「ベットコントロール機能強化」が高まるという因果関係の仮説を持っている。関谷（2013, p. 208）は，「クリニカルパス[3]を推進する理由は，ベットコントロールの機能を強化する役割があることがあげられる。海老名総合病院では，BSC を導入する以前は，クリニカルパスの推進が進まなかった。しかし，BSC によって，病院の戦略の1つとしてクリニカルパスの推進が可視化され，担当組織であるクリニカルパス委員会の活動が活性化した」と述べている。「クリニカルパスの推進強化」という戦略目標が，「ベットコントロール機能強化」の戦略目標に影響を与えるという仮説を立てていることがわかる。同病院の 2014年度の戦略マップは図表 5.5 のとおりである。

　「クリニカルパスの推進強化」は「ベットコントロール機能強化」を下支えしている。「クリニカルパスの推進強化」という戦略目標が達成されれば，「ベットコントロール機能強化」が達成されるという因果関係を持つ。そこで，「クリニカルパスの推進強化」を測定する指標の推移を確認する。図表5.6 より，年度が進むごとに，数値が改善していることがわかる。クリニカルパスの使用率が向上すれば，効率的な医療行為の実施につながり，ベットコントロールの指標改善に効果を及ぼす。しかし，クリニカルパスの使用率を見ると目標が未達（2014 年度では目標値 25％ に対して実績値 22.1％）であった。クリニカルパスの使用率が未達であることが原因となり，ベットコントロールの強化を測定する病床利用率が，目標値の 80.8％ に対して実績値が 79％ となっている可能性がある。

　「ベットコントロール機能強化」は，2014 年度に目標値をほとんど達成した。そのため，戦略目標の重点事業項目から外れ，戦略目標に対する責任者

---

3)　原文はクリティカル・パス

159

図表 5.5 「クリニカルパスの推進強化」と「ベットコントロール機能強化」の関係

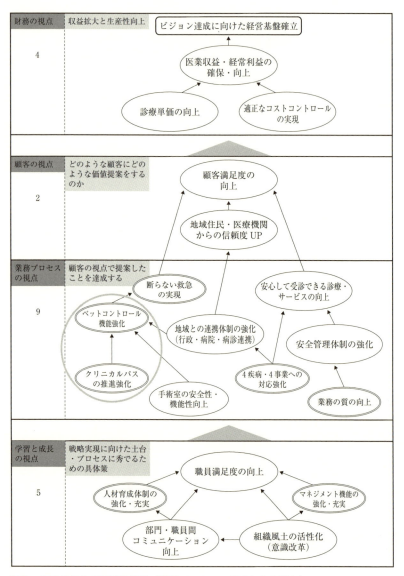

出典：海老名総合病院提供資料（業務プロセスの視点に丸を追加）。

第5章　インタンジブルズのマネジメントと戦略の修正

図表5.6　「クリニカルパスの推進強化」に関する指標

年度ごとの実績値・目標値 業績評価指標	実績値					目標値	
	2010年度	2011年度	2012年度	2013年度	2014年度	2014年度	2015年度
クリニカルパス数 （新規パス数／総数）	4個	0個	21個	12個	24個	20個	20個
クリニカルパス使用率	6.57%	7.53%	10.20%	17.60%	22.10%	25%	20%

出典：海老名総合病院提供資料より筆者抜粋。

が不在となってしまった。重点事業項目から外れたという意味は，戦略管理としてではなく，業務管理としてベットコントロールに関する指標を管理するということである。通常であれば，戦略マップの戦略目標から削除するという戦略修正を行うのが一般的理解であろう。この点について，いかに対応すべきかを次節で検討する。

4　達成済みの戦略目標への対応

本節では，達成した戦略目標の戦略マップ上での対応について検討する。達成した戦略目標への対応として，3つの手段が考えられる。第1に，戦略マップに修正を加えて現状を修正する案である。第2に，戦略マップを毎年構築する案である。最後に，戦略目標を削除しない案である。

4.1　現状を修正する案

同病院の2014年度の戦略マップは，「ベットコントロール機能強化」という戦略目標が達成できたため，その戦略目標の責任者であるオーナーが不在となった。オーナーがいないとはいえ，業務管理上ベットコントロールの機

能を向上していくことは重要である。しかし，戦略目標が実現できたため，「ベットコントロール機能強化」自体を戦略マップで管理する必要はない。そこで，戦略目標を削除する戦略修正の案を検討する。

　図表5.5で示した戦略マップ上の「ベットコントロール機能強化」という戦略目標を削除すると，戦略目標間の因果関係が崩れるという問題が発生する。図表5.5の業務プロセスの視点にある「クリニカルパスの推進強化」，「手術室の安全性・機能性向上」，「地域との連携体制の強化」という戦略目標は，「ベットコントロール機能強化」という戦略目標を向上させる原因となっている。もし「ベットコントロール機能強化」を戦略マップから取り除くと，因果関係が崩れてしまう。同時に，「ベットコントロール機能強化」の戦略目標を原因として，結果につながる「断らない救急の実現」という戦略目標を推進する因果関係も崩れてしまう。

　「ベットコントロール機能強化」は，「クリニカルパスの推進強化」，「手術室の安全性・機能性向上」，「地域との連携体制の強化」と「断らない救急の実現」をつなぐ重要な戦略目標である。言い換えれば，「ベットコントロール機能強化」がなければ，内部プロセスの視点の重要な因果関係のほとんどが壊れてしまう。したがって，「ベットコントロール機能強化」という戦略目標を戦略マップから取り除く方法は問題である。

　「ベットコントロール機能強化」は戦略目標としては実現できているので，実現した後の指標の測定と管理は，業務管理で行う。そして，ベットコントロールの管理指標である病床利用率・病床回転率・平均入院患者数などはモニタリングするだけとなる。他方，業務管理としては，各部門にカスケードされた指標で，診断的なコントロール・システムを通じてベットコントロールに関わる指標が管理される。

第5章　インタンジブルズのマネジメントと戦略の修正

4.2　戦略マップを毎年構築する案

　戦略目標の因果関係を崩さないためには，毎年戦略マップを構築するという案が考えられる。戦略マップを毎年構築して，業務計画を可視化する方法は，多くの病院で採用されている。

　戦略マップを毎年構築する方法では，戦略目標の因果関係を検討できる。目標値の達成・未達成にかかわらず，1年ごとに戦略マップを策定すれば，達成した戦略目標がある場合も，改めて戦略マップの因果関係を構築できるメリットがある。BSCレビュー時に，現状の戦略に対する問題点を議論できれば，トップは次期の戦略マップを作成するときの参考にできる。言い換えれば，戦略の策定時にBSCレビューで行われた議論を反映できる。したがって，現状の外部環境を反映したうえで戦略マップが構築できる。

　一方，戦略マップを毎年構築する案には2つの問題点がある。第1の問題点は，戦略マップは経営者が中長期的な観点から策定した戦略を実行するために構築されているにもかかわらず，毎年戦略マップを構築してしまうと，本来の意図が達成できないのではないかという点である。単年度ごとに戦略マップを作り変えると，経営者が短期志向に陥るおそれがある。戦略の実行ではなく，業務管理を行う発想である。したがって，年度ごとに戦略マップを構築する案は，戦略の実行を意図した考えにはなじまない。第2の問題点は，毎期戦略マップの構築を行うには時間がかかるという点である。戦略マップに加えて，戦略目標を測定するスコアカードも最初から構築しなければならない。毎期構築したBSCを業務へとカスケードする必要があるため，システムの運用に，毎期多大な労力が必要となる。

　戦略マップを毎年構築すると，戦略マップ間の因果関係を壊さずに戦略の修正を行えるメリットがある。その一方で，2つのデメリットが生じることを指摘した。戦略目標間の因果関係を崩さないために，単年度ごとに戦略マッ

163

プを策定し，短期志向に陥ってしまうのでは本末転倒ではないかと思われる。

4.3 戦略目標を削除しない案

戦略目標間の因果関係を保ちながら，戦略策定に時間をとられず，中長期的な観点から戦略マップを作成するには，戦略目標をそのまま置いておくという案がある。最後に戦略目標を削除しない案を検討する。

Kaplan and Norton（2008）は，ある戦略目標を別の戦略目標と取り替えるという戦略の修正を提案した（Kaplan and Norton，2008，p. 312）。これは，因果関係として戦略目標が間違っていたために，戦略目標を取り替えることで因果関係を保つというケースである。同病院の戦略目標の戦略修正を扱った伊藤のケースを見ても，戦略目標を削除するのではなく，代わりとなる戦略目標が置かれている（伊藤，2014，p. 179）。

戦略目標が達成されれば，戦略目標を管理する意義はなくなるため，戦略目標を達成したら，尺度も，目標値も，実施項目も BSC に表示する必要がないと考えてきた。しかし，1 つの戦略目標を削除してしまえば，戦略マップ全体の因果関係にかかわってしまう。ここに，達成した戦略目標を戦略マップ上に記載する意義がある。責任をもつオーナーがいないにもかかわらず，戦略マップに「ベットコントロール機能強化」を残しておく意味は，戦略目標間の因果関係だけでなく，業務管理との連結ピンとしても重要である。戦略マップに戦略目標として置いておくだけで，業務管理でのモチベーションを落とさずに診断的コントロールが行える可能性がある。

達成した戦略目標を削除しないという結論をもとに，達成した戦略目標を残しておくべきであると，同病院でアクションリサーチを実践している伊藤和憲教授が海老名総合病院に提案した。この提案を受け入れ，その後経験したメリットとデメリットを高野氏にインタビューした。高野氏のコメントによれば，「メリットと呼べるかどうかわかりませんが，戦略マップ全体の因

164

第 5 章　インタンジブルズのマネジメントと戦略の修正

果関係に大きな影響がでないため，マップの修正が少なくて済んだ」と指摘
していた。2010 年度の BSC 試行段階で，戦略目標の因果関係を何度も修正
したとき，職員に対し，戦略マップの理解を求めるのに苦労した。戦略修正
の説明が少ないことは事務局として大きなメリットと言えよう。また，デメ
リットに関する質問に対しては，達成した戦略目標を残しておいても，特に
職員から質問を受けたり，クレームが来ることもなかったとコメントした。

まとめ

本章では，海老名総合病院への参与観察に基づいて，戦略修正に関する課
題を取り上げた。本章で取り上げた課題とは，戦略目標間の因果関係が正し
いと仮定して，特定の戦略目標が達成できたとき，戦略目標間の因果関係を
維持するために戦略目標を残しておくべきか，それともすでに達成できた戦
略目標は戦略マップから削除すべきかを明らかにすることである。検討を
行った結果，達成した戦略目標は戦略マップの因果関係を維持するために取
り除くべきでないという点が明らかになった。

本章の貢献は，戦略修正プロセスの実践を取り上げた点，インタンジブル
ズにかかわる戦略の修正を取り上げた点，そして達成した戦略目標の修正と
いうこれまで議論されてこなかった問題を明らかにした点という 3 点があげ
られる。第 1 の貢献である戦略修正プロセスの実践を取り上げた点について，
海老名総合病院では，レビューを通じて戦略修正が実践されていた。Bisbe
et al.（2007）の 5 要件に当てはめて検討したように，海老名総合病院では
レビューの中で，インターラクティブコントロールが実践されていた。

第 2 の貢献であるインタンジブルズに関わる戦略の修正を取り上げた点に
ついて，BSC レビューでの応答を参考に，インタンジブルズのマネジメン
トに向かうような戦略修正を提案した。インタンジブルズのマネジメントを

165

行うには，レディネス評価を通じて，戦略目標を達成するために必要な目標値を明確に定める必要がある。本章の中で，インタンジブルズのマネジメントを取り上げたのは，戦略の修正がインタンジブルズとって重要だからである。インタンジブルズは仮説としての戦略に基づいて構築されている。戦略は仮説であるため，当初策定した戦略が常に正しいとは限らない。不確実な環境下で，戦略を前提にインタンジブルズを構築するため，インタンジブルズへの投資が適切でなくなる可能性がある。戦略の実行を通じて常に戦略が環境に適合しているのかを考慮しながら，インタンジブルズを構築する必要がある。

　第3の貢献である達成した戦略目標の修正にかかわる問題を明らかにした点について，従来議論されてきた未達成の戦略の修正とは異なる問題を扱った。海老名総合病院では，「ベットコントロール機能強化」という戦略目標が達成できたため，その戦略目標の扱いが問題となった。対応策を検討した結果，戦略マップから戦略目標を外す案，戦略マップを毎年構築する案，戦略マップに戦略目標を残す案を示した。3つの案を検討した結果，戦略マップを戦略目標間の因果関係が崩れないように，達成した戦略目標を残しておくことが重要である点を明らかにした。

第5章 インタンジブルズのマネジメントと戦略の修正

参考文献

Argyris, C. (1977), Double Loop Learning in Organizations, *Harvard Business Review*, September–October, pp.115–125（有賀裕子訳（2007）「「ダブル・ループ学習」とは何か」『Diamond ハーバード・ビジネス・レビュー』4月号, pp.100–113）.

Anthony, R. N. (1965), *Planning and Control Systems : Framework for Analysis*, Harvard University Press（高橋吉之助訳（1968）『経営管理システムの基礎』ダイヤモンド社）.

Bisbe, J., J. M. Batista-Foguet and R. Chenhall (2007), Defining Management Accounting Constructs : A Methodological Note on the Risks of Conceptual Misspecification, Accounting, *Organizations and Society*, Vol.32, No.7–8, pp.789–820.

Ferreria, A. and D. Otley (2009), The Design and Use of Performance Management Systems : An Extended Framework for Analysis, *Management Accounting Research*, Vol.20, No.4, pp.263–282.

Heskett, J., T. O. Jones, G. W. Loveman, W. E. Sasser and L. A. Schlesinger (1994), Putting the Service-Profit Chain to Work, *Harvard Business Review*, March–April, pp.164–174（小野譲司訳（1994）「サービス・プロフィット・チェーンの実践法」『Diamond ハーバード・ビジネス・レビュー』6–7月号, pp.4–15）.

Kaplan, R. S. and D. P. Norton (2001), *The Strategy-Focused Organization*, Harvard Business School Press（櫻井通晴監訳（2001）『キャプランとノートンの戦略バランスト・スコアカード』東洋経済新報社）.

Kaplan, R. S. and D. P. Norton (2004), *Strategy Maps : Converting Intangible Assets into Tangible Outcomes*, Harvard Business School Press（櫻井通晴・伊藤和憲・長谷川惠一監訳（2014）『戦略マップ［復刻版］：バランスト・スコアカードによる戦略策定・実行フレームワーク』東洋経済新報社）.

Kaplan, R. S. and D. P. Norton (2008), *The Execution Premium, Linking Strategy to Operations for Corporate Advantage*, Harvard Business School Press（櫻井通晴・伊藤和憲監訳（2009）『戦略実行のプレミアム』東洋経済新報社）.

Malmi, T. and D. A. Brown (2008), Management Control Systems as a Package-Opportunities, Challenges and Research Directions, *Management Accounting Research*, Vol.19, No.4, pp.287–300.

Project Management Institute, Inc. (2008), *A Guide to the Project Management Body of Knowledge : PMBOK Guide Fourth Edition*, Project Management Institute, Inc. (Project Management Institute, Inc（2009）『A Guide to the Project Management Body of Knowledge： Official Japanese Translation（プロジェクトマネジメント 知識体系ガイド PMBOK ガイド）第 4 版』Project Management Institute, Inc.）.

Rucci, A. J., S. P. Kirn and R. T. Quinn（1998）, The Employee-Customer-Profit Chain at Sears, *Harvard Business Review*, January-February, pp.82–97（Diamond ハーバード・ビジネス・レビュー訳（1998）「シアーズ復活のシナリオ：顧客価 値を生み続けるシステムの構築」『Diamond ハーバード・ビジネス・レビュー』 8–9 月号，pp.34–49）.

Simons, R.（1995）, *Levers of Control : How Managers Use Innovative Control Systems to Drive Strategic Renewal*, Harvard Business Press（中村元一・黒田哲彦・浦島 史恵訳（1998）『ハーバード流「21 世紀経営」4 つのコントロール・レバー』産 能大学出版部）.

伊藤和憲（2011）「戦略実行の成功と失敗の要因」『専修大学会計学研究所報』No.23, pp.1–21。

伊藤和憲（2014）『BSC による戦略の策定と実行：事例で見るインタンジブルズの マネジメントと統合報告への管理会計の貢献』同文舘出版。

奥倫陽（2013）「マネジメント・システムによる戦略修正への影響：予算管理，方 針管理，目標管理，BSC に焦点をあてて」『ビジネス・マネジメント研究』Vol.9, pp.37–47。

関谷浩行（2013）「第 11 章　バランスト・スコアカード」（木村憲洋・的場匡亮・ 川上智子編『1 からの病院経営』碩学舎，pp.197–217）。

第6章
インタンジブルズの負の側面の影響と管理

はじめに

　企業価値を創造するにあたって，価値創造だけに注目するのでは不十分であり，価値毀損の抑制までを考慮してはじめて企業価値が創造される。経営がどんなに軌道に乗っており成長が続いていても，不祥事などを起こして企業価値が毀損されてしまう事例が多く存在する。一度レピュテーションを毀損してしまえば，これまで築いてきたものが著しく毀損されるばかりか，マイナスの効果が継続してしまう場合もありうる。

　価値毀損の抑制に関する議論は，BSC の中でも取り上げられてきた。BSCを提唱した Kaplan and Norton（2004）は，戦略テーマの中で価値毀損の抑制について取り上げている。伊藤（2007：2014）は，本社が構築する戦略マップの中で，アネルギーの抑制というテーマで価値毀損の抑制を示した。ほかにも南雲（2006）は，BSC と COSO ERM の統合して、リスクマネジメントを行う仕組みを提案している。

　インタンジブルズ研究の分野では，インタンジブルズの負の側面という概念が存在する。インタンジブルズの負の側面と価値毀損は概念上どのような関係にあるのであろうか。インタンジブルズの負の側面については，研究が多くなく理論が確立されていないという問題がある（Santis and Giuliani, 2013）。インタンジブルズの負の側面が企業価値の毀損にかかわる問題であ

169

れば，インタンジブルズのマネジメントを行ううえでインタンジブルズの負の側面まで考慮する必要がある。

　本章の構成は以下のとおりである。第1節では，インタンジブルズの負の側面が論じられる発端となった文献を明らかにする。第2節では，戦略課題に応じたインタンジブルズのマネジメントの先行研究をレビューする。第3節では，インタンジブルズの負の側面の先行研究をレビューする。第4節では，インタンジブルズの負の側面のマネジメント手法を考察し，私見を明らかにする。最後に本章の発見事項をまとめる。

1　インタンジブルズの負の側面に対する問題提起

　製造中心の社会から知識中心の社会へ変遷するに従って，インタンジブルズへの関心が高まりだした。製造中心の社会では主として効率性の向上を通じて競争優位を構築してきたように，企業が達成すべき目標が明確であった。知識中心の社会においても業務効率の追求は重要である。ところが，知識は持っているだけでは価値がなく，戦略と結びつけて初めて価値を創造できる。このような知識は戦略的にマネジメントしていかなければならない。したがって，知識中心の社会では，他社をベンチマークするのではなく，他社のしていないことを戦略的に行う経営が求められる。

　従来，インタンジブルズ研究は，資産としてマネジメントするために借方サイドに焦点が当てられてきた。インタンジブルズは財務業績を向上させる要因であるとされ，実証研究を通じて，インタンジブルズと財務指標の関係を捉えようと試みられてきた（Galbreath, 2002；Omila et al., 2011；Brown and Kimbrough, 2011）。

　一方，インタンジブルズの負の側面を取り扱った研究がある（Harvey and Lusch, 1999；Caddy, 2000；Stam, 2009；Santis and Giuliani, 2013）。Harvey and Lusch（1999）は，インタンジブルズの価値創造の側面にばかり焦点が当てられている点に疑問をいだき，知的負債（intellectual liabilities）という用語を考案し，知的負債を検討した。具体的には，知的負債を内部的影響と外部的影響に分類したうえで，さらなる細分化を行った。Caddy（2000）は，知的負債を認識および測定した場合を仮定し，認識された知的負債の償却方法を提案している。

　Caddy（2000）の論文は，インタンジブルズのマイナス面をとらえた先駆的な文献であり，負の側面に注目すべきだと主張した点に大きな貢献がある。しかし，Harvey and Lusch（1999）や Caddy（2000）の文献は，知的負債の認識や測定の議論に終始している。そこで，本章は企業価値を毀損するインタンジブルズの負の側面に焦点を当てて，いかにマネジメントすべきかを明らかにする。インタンジブルズの負の側面は理論が確立されておらず多様な見解があるため，本章では文献研究を行う。

2　戦略課題に応じたインタンジブルズのマネジメント

　インタンジブルズの負の側面に対応するためにまず，インタンジブルズのマネジメントに関する知見を整理する。インタンジブルズのマネジメントにはいくつかの手法が提案されている（Kaplan and Norton, 2004；伊藤，2014）。第4章，第5章でも検討したように，Kaplan and Norton（2004）は，内部プロセスの中に示される特定の戦略目標を達成するために必要なインタンジブルズのマネジメントを提案し，グレイ・シラキュース社の事例を紹介した。同社は工場で生産する製品の不良率を 50％ 削減するという戦略目標を設定した。不良率を削減するためには，工場で働く工具のスキルを向上する必要がある。工具のスキルアップのために，人的資産開発プログラムを実施した。

　Kaplan and Norton のグレイ・シラキュース社の事例は，課題が明らかな

場合に用いる手法である。同社は不良率を半分にするという明確な戦略目標
があり，戦略目標を達成するために必要なインタンジブルズの構築を目標と
した。また，同社のケースでは人的資産という特定のインタンジブルズを取
り扱っている。しかし，インタンジブルズは他のインタンジブルズと相互関
連して価値を生み出すという性質がある（Kaplan and Norton, 2004；Komnenic
and Pokrajčić, 2012）。したがって，インタンジブルズ相互間の関係も含め
たマネジメントが必要である。

　伊藤（2014）は，インタンジブルズのマネジメント手法を3つに分類し，
グレイ・シラキュース社のような事例を戦略目標アプローチと呼んだ。ほか
の2つは，戦略実行アプローチと戦略策定アプローチである。戦略実行アプ
ローチとは，戦略としての課題がある程度明らかだが，戦略目標や戦略目標
間の因果関係が不明確な場合に用いられる。戦略策定アプローチとは，戦略
課題そのものが不明な場合に用いられる。課題が不明であれば，課題解決の
ための戦略目標やそれらの因果関係も不明であり，どのようなインタンジブ
ルズを構築すべきかを明確にできない。伊藤は，A社の事例を用いて戦略実
行アプローチによるインタンジブルズのマネジメントを検討している。一方
戦略策定アプローチでは，B社の事例を検討した。

　伊藤はA社をケーススタディして，グレイ・シラキュースと同じレディ
ネス評価を組織資産に該当する組織体制力にも適用した。その結果，レディ
ネス評価は人的資産に適用したものと同様のプロセスによって，組織資産，
情報資産のマネジメントにも活用できる点を明らかにした。一方，B社のケ
ーススタディを実施した結果，戦略策定アプローチでのレディネス評価は困
難であると結論づけた。課題が全く明らかでない場合は，進捗度評価が困難
なためである。

第6章 インタンジブルズの負の側面の影響と管理

3 インタンジブルズの負の側面の先行研究

本節では，インタンジブルズの負の側面に関わる先行研究を整理する。第1に，intellectual liabilities をインタンジブルズの負の側面と訳した理由を明らかにする。第2に，インタンジブルズの負の側面について，定義を検討する。第3に，インタンジブルズの負の側面に関する事例を検討する。第4に，レピュテーションの毀損にかかわるインタンジブルズの負の側面のマネジメントについて検討する。

3.1 知的負債とインタンジブルズの負の側面

インタンジブルズの負の側面という用語は intellectual liabilities を訳した言葉である。intellectual liabilities という用語は，intellectual assets を intellectual capital と同様に捉えている多数の文献に対する疑問から生じた（Caddy, 2000）。会計上では，資産から負債を差し引いたものが資本と呼ばれるためである。intellectual assets とは異なる概念があり，これを intellectual liabilities と呼んだ。以下では intellectual liabilities について掘り下げて検討する。

最初に intellectual を検討する。*Oxford Dictionary of English*（2010）によると，intellect を The faculty of reasoning and understanding objectively, especially with regard to abstract matters と定義している。理性的・知的な能力というものを指す。たとえば，特許や，実用新案権などは，研究開発といった知的な活動から生じるインタンジブルズである。しかし，後述するように intellectual liabilities の用語を用いた Caddy（2000）や Harvey and Lusch（1999）は，主として知的とは無関係なレピュテーションの毀損に関わる事例を取り上げている。Caddy（2000）等の考えは，知的なインタンジブルズとレピュテーションに関連するインタンジブルズをインタンジブルズと呼び，

173

知的であるとはいえないインタンジブルズを含めている。したがって，intellectual と intangibles を互換的に用いていると理解できる。

　次に，liabilities という用語を検討する。Caddy（2000）は，財務会計の観点から intellectual liabilities の議論を展開した。具体的には，認識，測定の問題，認識後の償却方法の問題である。財務会計上は，負債を経済的資源の引渡し義務またはその同等物と定義する（企業会計基準委員会，2006）。しかし，intellectual liabilities には，必ずしも義務とはいえないものが含まれている。姚（2013）によると，「Harvey and Lusch（1999）は知的負債がその責任負担を認識要因の１つとなすことを否定することなく，収益の削減能力を反映するものである」と主張した（姚，2013，p. 208）。さらに「Harvey and Lusch（1999）が考える知的負債は，実は知的資産と同様に会計上の概念を超えた広い意味での企業に対するネガティブな影響を持つものであり，企業の価値毀損ドライバーである」と述べ，負債という用語が適切ではないと指摘した（姚，2013，p. 209）。このような理由から，本研究では，intellectual liabilities をインタンジブルズの負の側面[1]と呼ぶ。

---

1)　同様に，越智（2015）も知的負債と呼ぶことは会計上適切ではないと主張する。越智（2014）は「PBR1 倍割れという現象を考察の端緒に，そうした観察対象を『自己創設負ののれん』の発生原因となる『負のインタンジブルズ』という概念で説明すること」を試みている（越智，2014，p. 176）。自己創設負ののれんは，マイナスの超過収益力（過少収益力）であり，資本コストを下回れば過少収益力に陥っているという。越智（2014）は自己創設負ののれんが生じる原因が負のインタンジブルズであり，人的・組織的，レピュテーション，機会・リスクという３つの要因から構成されると主張した。さらに越智（2016）では，負のインタンジブルズを防ぐためのマネジメントにまで踏み込んだ議論を行っている。具体的には，社会関係資本（SC）のうち，インタンジブルズに該当する企業帰属 SC をインタンジブルズとして，企業帰属 SC のマイナス面の事例や対応などを論じている。

3.2 インタンジブルズの負の側面の定義

インタンジブルズの負の側面に関する定義，手法，ツールを明らかにする
ために，2000年から2013年までの文献レビューを行った研究にSantis and
Giuliani（2013）がある[2]。彼らは調査の結果，インタンジブルズの負の側面
に関する25本の文献を抽出した。抽出した文献の分析を行った結果，イン
タンジブルズの負の側面には，企業価値を毀損するもの（Abeysekera, 2003；
Caddy, 2000）と，リスクないし非金銭的な責任（Garcia-Parra et al., 2009；
Harvey and Lusch, 1999）という2つの見解が存在する点を明らかにした。

Caddy（2000）はインタンジブルズの負の側面として，知的資本の価値毀
損を考えた。Caddyがいう知的資本は，市場価値から帳簿価額を差し引い
たものと定義されている。知的資本は，知的資産から知的負債を引くことで
求められると主張する。知的資産が一定の場合，知的負債が増加すれば差額
で求まる知的資本が減少する。知的負債の存在を明らかにするために，Caddy
（2000）は，企業にとってマイナスの事象である，①不正への取り組み，②
異物混入への取り組み，③環境汚染への取り組み，そして④戦略への取り組
みのケースを紹介した。また，①から④に関連する企業について，マイナス
の事象を起こす前後の株価変動の関係を調査した。事例の詳細については次
項で検討する。

次にインタンジブルズの負の側面をリスクないし非金銭的な責任とした主
張を検討する。インタンジブルズの負の側面がリスクないし非金銭的な責任
であるという主張は，主にマネジメント目的で測定するという考えに由来す
る（Santis and Giuliani, 2013）。同様の主張をしたStam（2009）は，イン

---

2) 検索にはEmerald, Elsevier, Wiley, Google Scholarの4つのデータベースを用いた。
検索キーワードはintellectual liabilities, intangible liabilities, intellectual capital risks,
intangible risks, intellectual capital liabilitiesである。

タンジブルズの負の側面を内部カテゴリーと外部カテゴリーに分類した。内部カテゴリーでは，価値創造の源泉（人的資本，構造資本，関係資本）から生じる毀損を例示した。一方，外部カテゴリーは，外部から生じ，企業がコントロールできない毀損[3]（不可抗力や市場責任（market liabilities））としている。

インタンジブルズの負の側面に関わる2つの見解から，企業価値の毀損という共通点が明らかになった。ただし，前者のCaddy（2000）は，すでに毀損が発生したと考えているのに対して後者のリスク対応は，毀損を抑えるための事前の対策が行えるという点が異なる。本章では，企業価値の毀損という見解とリスクを含めてインタンジブルズの負の側面を扱う。次の問題は，どのようにインタンジブルズの負の側面をマネジメントすべきかである。

3.3　レピュテーション毀損に関わる
　　　インタンジブルズの負の側面の事例

本項では，インタンジブルズの負の側面の事例を検討する。ここでは，前項で示したCaddy（2000）の事例のうち①の不正への取り組みと②の異物混入への取り組み，そして③環境汚染への取り組みを検討する。

①の不正への取り組みでは，Corel社[4]と，RealNetworks社[5]の事例を取り上げた。Corel社は，経営層のトップがインサイダー取引を行ったという疑義を掛けられた。一方，RealNetworks社は，CD，MP3再生ソフトウェアRealJukeboxにより，ユーザーが聴いたCDのタイトルや，ダウンロードした音楽ファイルの情報を収集していた事実が発覚した。ユーザー情報は，自

---

3)　たとえば競合他社の競争力が高まった結果，自社の企業価値が相対的に低下することが挙げられる（Stam, 2009）。

4)　コンピュータソフトウェアの開発，販売，および保守に関する業務を行う企業。

5)　メディア関連のソフトウェアを提供する企業（情報処理振興事業協会，2001）。

第6章 インタンジブルズの負の側面の影響と管理

動的に同社に返信されるよう設定されており，ユーザーの承諾なしに情報が
収集されていたことから，ユーザープライバシーの軽視だとして問題になっ
た（情報処理振興事業協会，2001）。不正への取り組みとして，Corel 社は
インサイダーの疑惑を釈明したもののトップが残留するという決定を下した。
一方，RealNetworks 社は，早急に謝罪し，二度と同じ事態が起きないよう
な取り組みを開始した。

　②の異物混入への取り組みは，Arnott's 社[6]製の菓子に毒物を入れるとい
う脅迫状が届いた事例である。CEO の Chris Roberts は，2 週間以内にすべ
てのスーパーマーケットの棚から自社のビスケットを回収するように指示し
た。さらに，すでに自社のビスケットを購入してしまった消費者に対して，
商品を破棄することを伝える大々的なメディアキャンペーンを実施した。短
期的な損失よりも，顧客への安全性を優先する情報開示と周知徹底を行った
事例である。

　上記の事例について Caddy（2000）は，株式市場の動きを分析した。分
析の結果，マイナスの事象に適切な対応ができなかった Corel 社の行為と，
適切な対応が取れた RealNetworks 社と Arnott's 社の行動を比較している。
市場の動きを比較し，RealNetworks 社と Arnott's 社はインタンジブルズの
負の側面の影響を最小限にしたのに対して，Corel 社は負の側面を増大する
という真逆の対応をしてしまったと主張した。RealNetworks 社と Arnott's
社のケースでは，発生した問題に対処するための効果的な方法を素早く構築
し実行したために問題を最小化できたと考えられる。問題に適切な対応が取
れなかった Corel 社は「長引く苦痛（lingering sore）」を有したという（Caddy,
2000）。

　最後に，③の環境汚染への取り組みを検討する。Caddy は環境汚染への
取り組みという「長引く苦痛」を有した事例として Exxon 社のエクソンバ

──────────
6）　オーストラリアの菓子メーカー。2001 年に Campbell 社に買収される。

ルディーズ号原油流出事故を取り上げた。1989年3月24日に発生した原油流出事故について，Raeburn（1999）[7]は，事故から10年以上経過したにもかかわらず，そして＄3.5 billionの洗浄費・保証金・罰金を支払い，裁判も終了したが，原油流出にかかわるダメージはどのくらいか，Exxon社がこの問題を解決するのに必要な対応は何かという論争は続いているという。環境保護者がアラスカプリンス・ウィリアム湾はいまだに原油流出の影響に陥っていると述べる一方で，エコシステムは環境回復に向けて機能していると主張するものもあり，Exxon社は原油流出事故から立ち直れない「長引く苦痛」を有した。

　以上，Caddy（2000）が例示した①不正への取り組み，②異物混入への取り組み，そして③環境汚染への取り組みの事例はインタンジブルズの負の側面のうち，レピュテーションの毀損に関わるものであると考えられる。

3.4　レピュテーション毀損に関わる負の側面のマネジメント

　本項では，前項で検討した①不正への取り組み，②異物混入への取り組み，そして③環境汚染への取り組みの事例に関連づけて，レピュテーションの毀損に関わるインタンジブルズの負の側面をマネジメントする方法を検討する。具体的にはBSCにリスクマネジメントを組み込んだ研究を検討する。BSCを用いた価値毀損の回避はいくつかの提案がなされてきた。本項では，南雲（2006）のERMとBSCを統合した管理，川野（2004）のリスクマネジメント用のBSCを通じた管理，Kaplan and Norton（2004）の戦略テーマを設定した管理を検討する。

　初めに，南雲（2006）のERMとBSCを統合したリスクマネジメントを

---

7)　http://www.bloomberg.com/news/articles/1999-03-28/commentary-its-time-to-put-the-valdez-behind-us　（2016年8月2日）

第6章　インタンジブルズの負の側面の影響と管理

検討する。南雲は，卓越した業務，製品リーダーシップ，顧客関係性重視，規制と社会のプロセスという各戦略テーマに対して，リスク管理を組み込むことで，価値毀損の抑制を図っている。前項で検討した RealNetworks 社の問題は，顧客関係性重視を追求するうえで生じた価値毀損である。不適切な方法を用いて顧客情報を獲得したことはリスク管理に関わる問題である。

　次に，川野（2004）の BSC によるリスクマネジメントを検討する。川野によると，価値毀損への対策のためには通常の BSC を使って管理する方法と，リスクマネジメント用の BSC を作る方法の2つがあると主張する（川野，2004，pp. 168-169）。通常の BSC を使って管理する方法では，戦略実行や業務活動の進捗を見えるようにすることが，リスクマネジメントに繋がるという考えである。もし BSC で設定した尺度の進捗が遅れているとしたら，株主価値増大の観点からビジネスリスクは増大している（川野，2004，p. 169）。リスクマネジメント用の BSC を作る方法は，企業価値増大のための正の因果関係を定義した BSC とは異なり，企業価値を破壊する負の因果関係を定義し，その業績評価指標を管理しようとするものである（川野，2004，p. 170）。

　川野（2004）に従って，前項で検討した Arnott's 社の価値毀損プロセスを防ぐ戦略マップを考えてみたい。負の側面にかかわる因果関係の可視化を通じて，価値創造と価値毀損の抑制について統合的なインタンジブルズのマネジメントが可能となる。Arnott's 社のような食品メーカーにとって，安全性・信頼性の喪失は，重大な負の側面である。そこで顧客の視点は，自社製品に対する安全性・信頼性低下の防止を設定する。次に，内部プロセスの視点の戦略目標は，安全性にかかわる危機への迅速な対応力の向上や，食品製造プロセスの向上などがあげられる。学習と成長の視点では，人材の育成，市場の声を取り入れるメディア対応の向上，製品の安全性を重視する文化の浸透などがあげられる。

　最後に，Kaplan and Norton（2004）では，規制と社会のプロセスという戦略テーマを通じた価値毀損の抑制を提案している。Kaplan and Norton

179

(2004) によると，規制と社会のプロセスでは，単に規制に準拠するだけに留まらず自社のレピュテーションの向上も必要であると主張した。規制と社会のプロセスを通じて，前項で検討した Exxon 社の事例への対応が可能であると思われる。

　規制と社会のプロセスで設定される戦略目標を測定する尺度には，環境関連事故に関する指数を組み込む例が多く見られるという (Kaplan and Norton, 2004, p. 175)。たとえば，ノバ・ケミカルは，火災の発生回避を目的として，2000 年に製造工程における火災発生の引金となる出来事となった工程内事故損失に注目する活動を開始した。ノバ・ケミカルは，鉄道・トラック・船舶およびパイプラインにより輸送中に製品が漏れるリスクも懸念している。同社は，全製品について 250 ミリリットル以上の漏れを記録し，それがメンテナンスや検査を通じて回避可能であったかどうかを判断するための尺度，すなわち，事故発生を伴わない製品漏れを設定した (Kaplan and Norton, 2004, p. 175)。環境事故の発生は，高額な事後処理費用，訴訟，消費者による不買運動，レピュテーションの低下といった結果をもたらす（同，p. 179）ため事前に BSC を通じて事故を起こさないように従業員に対する意識づけが必要である。

　以上で検討したように，リスクマネジメント用の BSC を活用することで，レピュテーションの毀損にかかわるインタンジブルズの負の側面の管理が可能であると思われる。しかし，インタンジブルズの負の側面のすべてが，リスクマネジメントを取り入れた BSC によって管理できるのであろうか。インタンジブルズには，競争優位の源泉として保有していたものが，環境変化によって，インタンジブルズの負の側面となる場合がある。Raynor (2007) は，この現象を戦略のパラドックスと呼んでいる。たとえば，Barney (2002) によると，IBM の「big iron（大型コンピュータ）」というメインフレームを主軸とした企業文化は 40 年近く同社を支える文化であったが，IBM のメインフレームに対する強みが，パーソナルコンピュータ市場への参入にとっ

第6章　インタンジブルズの負の側面の影響と管理

て，負債となったと主張した。IBM 社のパソコン市場への参入に遅れた原因の一つには，メインフレーム市場での圧倒的な成功という自社の強みがあったと考えられる。

　戦略のパラドックスの場合は，自社の強みが一転して負の側面となってしまい，リスクマネジメントの領域で管理するのが困難であると考えられる。Caddy が示した事例は，レピュテーションの毀損が原因でインタンジブルズの負の側面が発生してしまうことを示している。一方，IBM や後述するソニーの事例は，自社にとって強みや競争優位の源泉であったものが，環境の変化によって負の側面になってしまう事態を指している。

　以上の議論をまとめると，インタンジブルズの負の側面は図表6.1のように分類できる。リスクマネジメントを取り入れた BSC によって管理できるレピュテーションの毀損などに関わるインタンジブルズの負の側面と，戦略のパラドックスに関わるインタンジブルズの負の側面が存在する。リスクマネジメント用の BSC によって管理できるインタンジブルズの負の側面は，本項で検討した方法による対応を提案した。もう一方の，戦略のパラドックスとしてのインタンジブルズの負の側面については，次節で検討する。具体的には，Raynor（2007）の著書をもとに，ビデオ市場で VHS 陣営と争ったソニーのベータマックスの事例を活用して，インタンジブルズが負の側面と

図表6.1　インタンジブルズの負の側面の分類

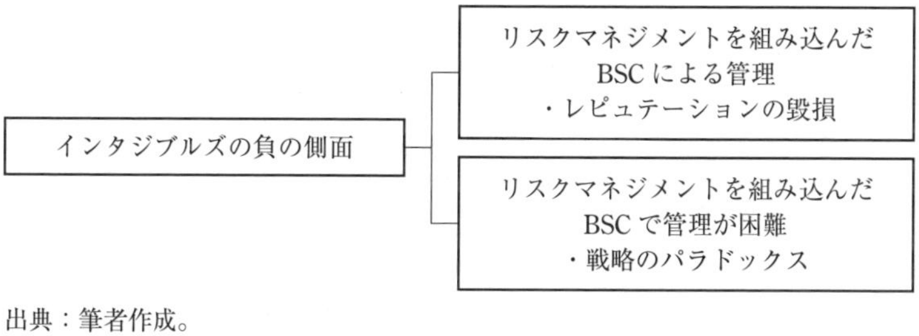

出典：筆者作成。

なってしまう場合の対応を検討する。

4 戦略のパラドックスとしてのインタンジブルズの負の側面

本節では，戦略のパラドックスとしてのインタンジブルズの負の側面へ対応する手法を検討する。第1に，戦略のパラドックスを例示するために，ソニーのベータマックスとVHS陣営の競争について論じる。第2に，戦略のパラドックスとしてのインタンジブルズの負の側面への対応を検討する。

4.1 戦略のパラドックスとしてのインタンジブルズの負の側面の事例

本項では，ビデオ市場でVHS陣営と争ったソニーのベータマックスの事例を活用して，戦略のパラドックスとしてのインタンジブルズの負の側面が生じる場合を検討する。ソニーは1975年にベータマックスを発売した。ベータマックスとは，家庭向けビデオカセットレコーダーの規格名である。ベータマックスは高品質・高画質を追求するという差別化を行った。差別化戦略を達成するために，高品質の製品を開発する技術といったインタンジブルズへの投資が必要である。さらに当時の社長である盛田氏の，常にリーダーたれ，決して追随するなという理念も，組織資産としてソニーの戦略を後押ししたと考えられる。以上から，ソニーの戦略マップを筆者なりに作成してみると，図表6.2のようになる。

一方，VHS陣営は，ベータマックスと比較して画質などの品質を下げ，コスト・リーダーシップを追求した。映像や音声の質を犠牲とすることで，ベータマックスと比較して録画時間を長くできた。また，競合他社がVHS規格での，ビデオプレーヤーの製造が容易となった。同じ規格の製品が普及すれば，VHSの規格にあわせた派生商品も生み出されやすくなる。VHSの

第6章 インタンジブルズの負の側面の影響と管理

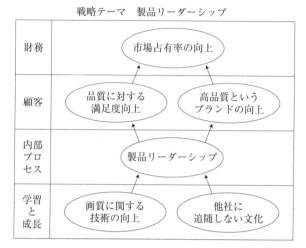

図表6.2 ベータマックスの戦略マップ

出典：筆者作成。

規格が普及することで、ネットワーク効果が生まれ、顧客にとってVHS規格で製造された製品の価値が高まっていった。

ビデオプレーヤーの普及に貢献した要因にレンタルビデオ市場がある。しかし、ビデオプレーヤーの誕生時は、映画会社が自身の作品をコピーされる場合や、映画館の集客率低下を恐れ、市場に供給される作品が限定されていた。ベータマックスはテレビ番組の録画を想定し、さまざまな機能を付加している。その後、映画会社が方針転換して、レンタルビデオ市場に映画を供給するようになった。映画会社の方針転換によってビデオプレーヤー市場の競争環境が変化した。レンタルビデオはVHS規格の方が、ベータマックスの規格よりも品揃えが豊富であったため、ベータマックスの市場占有率は縮小していった。

レンタルビデオ市場の増加は、ソニーにとって予想外の出来事であった。レンタルビデオ市場が発展するという事態により、当初想定していた環境が

183

変化した結果，ベータマックスの差別化戦略を支援するインタンジブルズが
負の側面となった。

4.2 戦略のパラドックスとしての
インタンジブルズの負の側面への対応

　本項では，ベータマックスの戦略で生じた戦略のパラドックスとしてのイ
ンタンジブルズの負の側面にいかに対応すべきかを検討する。戦略のパラ
ドックスを提唱したRaynor（2007）によると，戦略的多角化と呼ばれる手
法によって戦略のパラドックスに対応すべきであると主張する。戦略的多角
化とは，新しい戦略の追求に対するリアルオプションを生み出すような多角
化である。企業買収や完全子会社化するのではなく，一部出資するなどして，
他社とのつながりを持つ。将来的に自社の事業と相乗効果が生み出されれば
関連多角化となるが，資本提供の時点では，非関連多角化の状態であると考
えられる。非関連多角化を通じて，企業は戦略のパラドックスへ対処する。
　次に，戦略のパラドックスに対応する組織階層について，Raynor（2007）
は組織階層をトップ，ミドル，ロワーに分類して検討している。3階層の中
で戦略のパラドックスに対応するのはトップである。ミドルは既存の戦略を
実行しながらも不測の事態や不確実性に目を向ける。ロワーは戦略的な問題
を考慮せず，既存の戦略の中で業務を行うとした。
　先行研究によると，戦略のパラドックスを回避する手段としてトップ経営
者層が非関連多角化を追求するという提案が行われていた[8]。Raynor（2007）
の提案は2つの問題点があると考えられる。第1の問題点は，多角化自体に
関わる問題である。非関連多角化戦略では複数の事業を持つことで特定事業
への集中によるリスクを低減できる反面，希少資源を分散投資してしまうデ
メリットがある。第2の問題点は，トップとロワーの役割を分断した点であ
る。戦略の実行を行うのは現場であり，現場の行動による創発戦略や実践の

第6章　インタンジブルズの負の側面の影響と管理

中で戦略が生まれることも重要である。

　上記で指摘した2つの問題点の解決を示唆する研究として，伊藤（2014）はインタンジブルズのマネジメント方法の一つである戦略策定アプローチの中で，新たな戦略を策定できるようなインタンジブルズの構築を検討した。検討の結果，図表6.3に示すように，既存の戦略実行のためのインタンジブ

図表6.3　戦略策定アプローチによるインタンジブルズのマネジメント

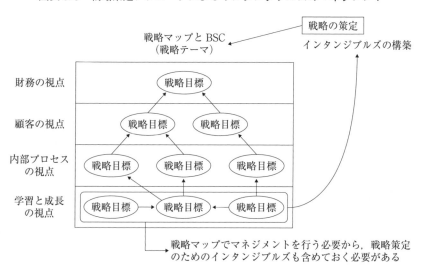

出典：伊藤（2014, p.152）。

8）　ほかにもインタンジブルズの負の側面を軽減する手段としてレジリエンスを高めるという方法が考えられる。レジリエントなシステムとは予期できない脅威を前にして，必要な時に自己修復することができるようなシステムである（Collins et al., 2015, p.78）。レジリエンスは具体的な手段ではなく概念であるが，レジリエンスを高める取り組みが，戦略のパラドックスを回避するのに貢献すると考えられる。現代社会はあまりにも複雑であり，事前の計画が常に正しいとは限らない。将来が予測できるという前提を持たずに，大きな変化が生じても変化に対応できる柔軟性を持つことが重要である。

ルズへの投資に糊代[9]を残すという提案を行っている。糊代とは，既存の戦略を達成する以外に，予測のつかない事象にも投資を行うという意味である。糊代の意味を，インタンジブルズの負の側面の文脈で見てみる。糊代とは，外部環境を常に考慮しながら，新たな変化に対応できるような戦略テーマを支えるインタンジブルズにも投資をすることだと考えられる。しかし，いかにして糊代を残すのかは不明である。そこで，筆者は糊代を残す具体的な手段を3つ提案した。

第1の手段は，環境適応できるような戦略テーマを複数用意することである。複数の戦略テーマを準備すると，既存の戦略の前提が変化した際にも対応ができるようになる。第2の手段は，外部環境を取り入れた迅速な戦略策定である。環境変化が激しい市場で他社と競争を行うには，常に外部環境に目を向ける必要がある。第3の手段は，インターラクティブな内部環境を構築して創発戦略を生み出すことである。既存の戦略を実行している中でも，現場が環境の変化に合わせた戦略の修正を行い，戦略のパラドックスに対応可能な場合も考えられる。

筆者の3つの提案を図表6.4に示した。3つの手段は相互に関連している。たとえば，図表6.4の①複数の戦略テーマを用意するためには，②迅速な戦略策定のように，環境変化に合わせた対応が必要である。さらに，戦略は策定だけでなくいかに実行に繋げていくのかが重要である。そのため，③創発戦略を生み出すで示したように現場での環境変化への対応が必要になる。以上の3つの手段によってインタンジブルズの負の側面への対応を提案した。

先行研究で問題とした1点目は，Raynor（2007）の提案した非関連多角化の追求が経営効率を犠牲にしてしまうという問題であった。1点目の問題点に対しては，現状の戦略を修正する余地を持たせるようにすれば，資源配分の効率低下を抑えつつ，戦略のパラドックスに対応できる。先行研究で問

---

9)　スラック資源の投入とも言い換えることができる。

第6章 インタンジブルズの負の側面の影響と管理

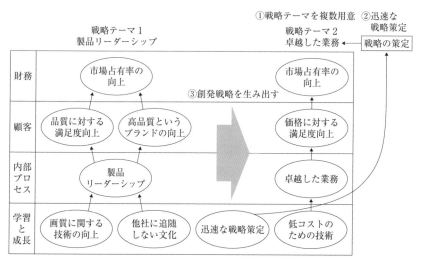

図表6.4 糊代を残す手段

出典：筆者作成。

題点とした2点目は，Raynor（2007）が組織階層を分断して戦略のパラドックスへの対応を主張した点であった。筆者が提案した3つの手段のうち，戦略テーマを複数用意するのはトップマネジメントの役割である。一方，創発戦略を生み出すような内部環境を構築するのは，トップマネジメントの役割であるが，実行を通じて戦略を創発するのはミドルマネジメント以下の現場従業員の役割である。複数の組織階層が戦略のパラドックスに対応する。

まとめ

本章の目的は，企業価値を毀損するインタンジブルズの負の側面に焦点を当てて，いかにマネジメントすべきかを明らかにすることであった。本章の

貢献はインタンジブルズの負の側面を体系化した点，戦略のパラドックスへの対応を明らかにした点の2点である。1点目の貢献であるインタンジブルズの負の側面の体系化とは，リスクマネジメントを組み込んだBSCにより管理可能なインタンジブルズの負の側面，戦略のパラドックスとしてのインタンジブルズの負の側面という2つが存在することを明らかにした点である。リスクマネジメントにより管理可能なインタンジブルズの負の側面では，自社が不祥事を起こさないような仕組みを構築したり，不祥事を起こしたとしても即座に対応することで管理を行う。戦略のパラドックスとしてのインタンジブルズの負の側面は，現状の戦略にインタンジブルズの投資を最適化するのではなく，スラック資源としての糊代を残すことで対応する。

　2点目の貢献は、戦略のパラドックスへの対応について提案したことである。Raynor（2007）は，非関連多角化を通じて戦略のパラドックスへ対応することを提案している。非関連多角化で戦略のパラドックスが回避できるかもしれないが，経営資源の投入が分散されてしまい経営効率が犠牲になってしまう。戦略に柔軟性をもたせることで，効率性の低下という犠牲を抑えつつ，戦略のパラドックスにも対応できると考えられる。

第6章 インタンジブルズの負の側面の影響と管理

参考文献

Abeysekera, I. (2003), Accounting for Intellectual Assets and Intellectual Liabilities, *Journal of Human Resource Costing & Accounting*, Vol.7, No.3, pp.7–14.

Barney, J. B. (2002), *Gaining and Sustaining Competitive Advantage, Second Edition*, Prentice Hall (岡田正大訳 (2003)『企業戦略論上基本編』ダイヤモンド社).

Brown, N. C. and M. D. Kimbrough (2011), Intangible Investment and the Importance of Firm-Specific Factors in the Determination of Earnings, *Review of Accounting Studies*, Vol.16, No.3, pp.539–573.

Caddy, I. (2000), Intellectual Capital: Recognizing both Assets and Liabilities, *Journal of Intellectual Capital*, Vol.1, No.2, pp.129–146.

Collins, T., D. Silverman and C. Fussell (2015), *Team of Teams: New Rules of Engagement for a Complex World*, Penguin Random House UK (吉川南訳 (2016)『TEAM OF TEAMS (チーム・オブ・チームズ):複雑化する社会で戦うための新原則』日経BP社).

Galbreath, J. (2002), Twenty-first Century Management Rules: the Management of Relationships as Intangible Assets, *Management Decision*, Vol.40, No.2, pp.116–126.

Garcia-Parra, M., P. Simo, J. M. Sallan and J. Mundet (2009), Intangible Liabilities: Beyond Models of Intellectual Assets, *Management Decision*, Vol.47, No.5, pp.819–830.

Harvey, M. G. and R. F. Lusch (1999), Balancing the Intellectual Capital Books: Intangible Liabilities, *European Management Journal*, Vol.17, No.1, pp.85–92.

Kaplan, R. S. and D. P. Norton (2004), *Strategy Maps: Converting Intangible Assets into Tangible Outcomes*, Harvard Business School Press (櫻井通晴・伊藤和憲・長谷川惠一監訳 (2014)『戦略マップ [復刻版]:バランスト・スコアカードによる戦略策定・実行フレームワーク』東洋経済新報社).

Komnenic, B. and D. Pokrajčić (2012), Intellectual Capital and Corporate Performance of MNCs in Serbia, *Journal of Intellectual Capital*, Vol.13, No.1, pp.106–119.

Omila, J. C., P. C. Lorenzo and A. V. Liste (2011), The Power of Intangibles in High-profitability Firms, *Total Quality Management & Business Excellence*, Vol.22, No.1, pp.29–42.

Raynor, M. E. (2007), *The Strategy Paradox: Why Committing to Success leads to Failure (and What to Do About It)*, A Currency Book (櫻井祐子訳 (2008)『戦略のパラドックス』翔泳社).

Santis, F. D. and M. Giuliani (2013), A Look on the Other Side: Investigating Intellectual Liabilities, *Journal of Intellectual Capital*, Vol.14, No.2, pp.212-226.

Stam, C. D. (2009), Intellectual Liabilities: Lessons from The Decline and Fall of the Roman Empire, *The Journal of Information and Knowledge Management Systems*, Vol.39, No.1, pp.92-104.

伊藤和憲 (2007)『ケーススタディ戦略の管理会計：新たなマネジメント・システムの構築』中央経済社。

伊藤和憲 (2014)『BSC による戦略の策定と実行：事例で見るインタンジブルズのマネジメントと統合報告への管理会計の貢献』同文舘出版。

越智信仁 (2014)「インタンジブルズの負の側面に関する研究：経営力の動態的な統合報告に向けて」『企業研究』Vol.26, pp.175-202。

越智信仁 (2015)『持続可能性とイノベーションの統合報告：非財務情報開示のダイナミクスと信頼性』日本評論社。

越智信仁 (2016)「社会関係資本のダークサイドと「負のインタンジブルズ」：価値創造資本の統合報告に向けて」『産業経理』Vol.76, No.1, pp.47-55。

川野克典 (2004)「第7章　バランス・スコアカードを使った内部統制強化」(ベリングポイント株式会社・野村直秀・川野克典・待島克史『内部統制マネジメント―コーポレート・ガバナンスを支える仕組みと運用』生産性出版, pp.161-175)。

企業会計基準委員会 (2006)『討議資料「財務会計の概念フレームワーク」』財務会計基準機構。

情報処理振興事業協会 (2001)「米国におけるコンピュータへの不正アクセス（クラッキング）とサイバーテロ対策の実態調査」経済産業省。

南雲岳彦 (2006)「戦略管理とエンタープライズ・リスク管理の統合アプローチ：BSC と COSO ERM の統合フレームワークの検討」『管理会計学』Vol.14, No.2, pp.41-53。

姚俊 (2013)『グローバル時代におけるリスク会計の探求』千倉書房。

終章
インタンジブルズのマネジメントに向けて

はじめに

　本研究の目的は，企業価値創造のために，インタンジブルズをいかにマネ
ジメントすべきかを明らかにすることであった。インタンジブルズのマネジ
メントによって，企業の目的である企業価値創造に資する。ここで，企業価
値創造とは，価値創造にとどまらず，価値毀損という負の側面の抑制も含め
て同時に追求するという広義の企業価値のことである。

　企業価値に対する考えは，研究者によって一様ではない。欧米では株主価
値もしくは経済価値が通説である。あるいは顧客価値や組織価値を主張する
見解もある。これらの単一価値観だけでなく，共有価値（shared value）の
ように，経済価値と CSR という複数価値観も提案されている。そのような
中にあって，本研究では，企業価値をステークホルダー価値，すなわち経済
価値だけでなく顧客価値，組織価値，社会価値といった多様な価値観で企業
価値が構成されると捉えている。

　また，インタンジブルズについても多様な見解がある。インタンジブルズ
をフローの概念と捉えるバリュー・ドライバーのような見解もあれば，ス
トックの概念として請求権とする見解もある。また，人的資産，情報資産，
組織資産に限定して用いる見解もある。本研究では，インタンジブルズをス
トックの概念と捉えてはいるが，必ずしも請求権に限定せず，企業価値を創

造する無形の源泉であると定義した。

インタンジブルズのマネジメントを行う手段としてバランスト・スコアカード（balanced scorecard：BSC）を活用した統合型マネジメント・システムを用いた。インタンジブルズは戦略と結びついてはじめて価値創造できるが，単に戦略と結びつけるだけではなく，戦略と業務を統合することで戦略が実現でき，ひいては価値創造につながる。また，統合型マネジメント・システムでは，業務活動のPDCAサイクルだけでなく，策定された戦略までもPDCAサイクルに組み込む必要がある。一方，統合型マネジメント・システムによりインタンジブルズをマネジメントするには，構成要素ごとに課題が存在したため，各章を通じて検討を行った。

本章では，本研究が明らかにした点をまとめる。第1節では，本研究のフレームワークとした統合型マネジメント・システムを示す。第2節では，インタンジブルズ研究の変遷と研究対象を明らかにする。第3節では，統合型マネジメント・システムのフレームワークに従って，価値創造のためのインタンジブルズのマネジメントについて整理する。第4節では，インタンジブルズの負の側面のためのマネジメントと対応を整理する。第5節では，本研究の主張を整理し，企業価値創造のためにインタンジブルズをいかにマネジメントすべきかを明らかにする。最後に本章をまとめる。

1 統合型マネジメント・システムのフレームワーク

本研究は，BSCを用いた統合型マネジメント・システムのフレームワークに従って，インタンジブルズのマネジメントを考察した。統合型マネジメント・システムは，戦略の策定から業務活動までを一貫してマネジメントするためのシステムである。統合型マネジメント・システムには，①事業戦略の策定，②業務計画への落とし込み，③モニタリングと修正という3つの構

終章　インタンジブルズのマネジメントに向けて

図表終.1　統合型マネジメント・システム

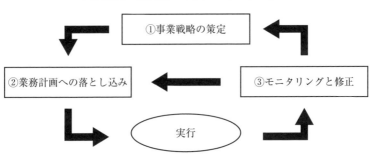

出典：筆者作成。

成要素がある。事業戦略の策定はBSCの構築を通じて行われる。戦略の業務計画への落とし込みは，BSCと業務管理システムを連動させることで実現される。戦略の修正は，BSCをインターラクティブコントロール・システムとして活用することで達成される。

統合型マネジメント・システムの構成要素とインタンジブルズとの関係に関する課題を各章で検討した。インタンジブルズは戦略と結びつけて管理する必要があるため，戦略と業務を一貫してマネジメントするフレームワークが不可欠である（図表終.1）。

2　インタンジブルズ研究の変遷と研究対象

本研究では，インタンジブルズ研究の変遷，インタンジブルズの研究対象を明らかにするための先行研究をレビューした（第1章）。その結果，まず，インタンジブルズの研究変遷について，インタンジブルズ研究はインタンジブルズをいかに測定するべきかという問題から，いかにインタンジブルズをマネジメントするべきかという問題に重点が移行していることを明らかにし

た。インタンジブルズ研究が本格的に開始された1990年代は，インタンジブルズの測定に研究の重点が置かれ，これは主として外部報告を意図したものであった。その後，インタンジブルズの研究は，測定からマネジメントへ重点が移行していることがわかった。

同様に，インタンジブルズ研究の内容は理論構築（第1ステージ）から仮説検証（第2ステージ），さらに実践の中でのインタンジブルズのマネジメント（第3ステージ）へという変化がみられた。本研究は，第3ステージを意識して進めてきた。すなわち，組織が戦略の策定と実行を実践する中で，いかにインタンジブルズがマネジメントされているのかを明らかにすることを主眼とした。

最後に，インタンジブルズの研究対象については，1.戦略の策定と実行，2.報酬制度，3.オフバランスの外部報告，4.法と取引という4つの存在が明らかとなった。上記4つの研究対象の中で，本研究の目的と合致する最も重要な研究対象は，戦略の策定と実行である。したがって，本研究では，戦略の策定と実行に絞って検討を行った。

3　価値創造のためのインタンジブルズ・マネジメント

本研究のリサーチサイトは，海老名総合病院という医療機関である。海老名総合病院を本研究のリサーチサイトに選んだのは，BSCの活用を通じて戦略実行を行っている点，一組織の全従業員を対象とした調査が可能という点からである。

最初に，海老名総合病院におけるマネジメント・システムの統合度について検証を行った（第2章）。検証のために，同病院に対して統合型マネジメント・システムの活用に関する意識調査を実施した。その結果，同病院では，戦略の浸透度，業績評価，戦略修正の理解度の3つが相互に統合されている

終章　インタンジブルズのマネジメントに向けて

ことが明らかになった。海老名総合病院では，BSC によって戦略を可視化
し，業績評価と連動した個人の目標管理の中に病院戦略を落とし込み，現場
レベルにまで戦略が浸透したと考えられる。また，戦略修正の理解度は，全
職員が参加する戦略修正の場である BSC レビューを通じて向上したと考え
られる。さらに，看護部全体を扱った実証分析に加えて，部署ごとの戦略の
浸透度の違いも調査した。その結果，手術室と総合外来が他部署と比較して
戦略の浸透度が高いことが判明した。海老名総合病院では，BSC が統合型
マネジメント・システムとして活用されていた。このことから，インタンジ
ブルズを構築するための前提，すなわち BSC による統合型マネジメント・
システムが備わっていることが明らかとなった。

　次に，インタンジブルズと既存の戦略論の関係を検討した（第 3 章）。第
3 章の課題は，戦略論の中でいかにインタンジブルズが取り扱われてきたの
かを明らかにすることであった。文献研究を通じて，戦略論の中で明示的・
暗示的にインタンジブルズが扱われていたことを明らかにした。戦略の策定
段階で戦略の構築を扱うのが意図した戦略である。この意図した戦略には，
ポジショニング戦略や資源ベースの戦略論等が該当する。意図した戦略では，
戦略に合わせてインタンジブルズを構築することになる。一方，戦略の実行
を通じて現場で学習行動をとった結果，現場から生み出された戦略は形成し
た戦略といわれる。形成した戦略には，創発戦略が該当する。形成した戦略
を生み出す組織学習は，人的資産，情報資産や組織資産などのインタンジブ
ルズが関連している。

　戦略論の中でもインタンジブルズが取り扱われていたが，インタンジブル
ズの測定に関する議論はほとんど見つけることができなかった。測定ができ
なければ管理ができないため，インタンジブルズを具体的にどのようにマネ
ジメントするのかまでは扱われてこなかった。本研究では，インタンジブル
ズのマネジメントの前提として BSC を活用したインタンジブルズの測定を
提案した。インタンジブルズの測定が行えれば，期首時点のインタンジブル

195

ズと期末時点のインタンジブルズの差額として価値が創造されたと捉えることができる。

　続いて，戦略の業務計画への落とし込みであるカスケードについて検討した（第4章）。第4章の目的は，戦略を業務へカスケードすることによって，いかにインタンジブルズが構築されるのかを明らかにすることである。カスケードの事例として，海老名総合病院の看護部のうち総合外来と手術室を取り上げた。ここでは，戦略実行するために，カスケードされた戦略目標を達成する過程で，インタンジブルズが構築されたというケースを明らかにした。具体的には，BSCから落とし込まれた戦略目標や尺度を現場が達成する過程を通じて，人的資産や情報資産（クリニカルラダー），さらには組織資産といったインタンジブルズの構築につながったことがわかった。組織資産について，同病院の看護部では，医師の指示を待っている状態から戦略をサポートする体制へと職員の意識が変化していた。すなわち，カスケードによりトップのビジョンであるチーム医療を推進するという価値観の変革にまで影響を及ぼしていた。

　さらに，海老名総合病院が定期的に行っているBSCレビューへの参与観察を通じて，戦略修正プロセスと達成した戦略目標にかかわる課題について検討した（第5章）。海老名総合病院の戦略修正プロセスは，病院のBSCをインターラクティブコントロール・システムとして活用していた。戦略はトップが策定した仮説であると捉え，戦略目標の目標値や尺度など，戦略の修正を提案する場面が数多く観察された。ここでは，従来の先行研究で取り上げられていた未達成の戦略目標の修正ではなく，達成した戦略目標をいかに取り扱うべきかを明らかにした。

　戦略の修正がインタンジブルズのマネジメントにとって重要であるのは，仮説としての戦略に基づいてインタンジブルズの構築が行われているためである。戦略は仮説であるため，当初策定した戦略が常に正しいとは限らない。不確実な環境下で，戦略に基づいてインタンジブルズを構築するため，イン

終章　インタンジブルズのマネジメントに向けて

タンジブルズへの投資が適切でなくなる可能性がある。戦略が環境に不適合となった場合は，現状の戦略を修正できるプロセスが必要になる。戦略の実行を通じて常に戦略が環境に適合しているのかを考慮しながら，インタンジブルズを構築する必要があることを指摘した。

4　インタンジブルズの負の側面のマネジメントと対応

　本研究では，価値創造の側面だけでなく，価値毀損の抑制を扱うためにインタンジブルズの負の側面についても検討した（第6章）。価値創造と価値毀損の抑制を合わせて扱うことで，企業価値の創造が行えるためである。文献研究によって，インタンジブルズの負の側面の構成要素，構成要素に応じた対応方法を明らかにした。構成要素について，インタンジブルズの負の側面は，レピュテーションの毀損にかかわるものと，戦略のパラドックスにかかわるものから構成されることを明らかにした。

　レピュテーションの毀損にかかわるインタンジブルズの負の側面は，BSCを通じてマネジメントする方法が先行研究で提唱されていた。先行研究では，価値毀損にかかわる戦略マップを策定して，戦略目標や業績評価指標を設定する方法，戦略目標にリスクに関わる目標を加える方法，戦略テーマで管理する方法などさまざまな方法が主張されていた。レピュテーションの毀損にかかわるインタンジブルズの負の側面は，リスクマネジメントを組み込んだBSCによるマネジメントが提案されていた。

　一方，戦略のパラドックスとしてのインタンジブルズの負の側面は，BSCを用いた統合型マネジメント・システムのフレームワークで管理するのは難しい。戦略のパラドックスは，戦略実行のために資源を集中投入した結果，環境変化に適応できなくなることを意味する。したがって，策定した戦略を実行する統合型マネジメント・システムだけでは戦略のパラドックスへの対

197

応が困難である。企業価値創造（価値創造と価値毀損の抑制）のために戦略を効果的に実現するのと同時に，戦略のパラドックスにも注意を向ける方法を考える必要がある。

　戦略のパラドックスとしてのインタンジブルズの負の側面への対応と，戦略実行のためにインタンジブルズに投資を行うのは，経営資源の投入に関するバランスの問題である。先行研究が提唱している戦略のパラドックスに対応する手段の1つは，非関連多角化の追求であった。自社の事業と関連のない企業の買収を通じて，複数事業によるポートフォリオを組むという発想である。非関連多角化を通じて戦略のパラドックスを回避できるかもしれない。ところが，経営資源が分散されてしまい，経営効率が犠牲になってしまうという問題がある。

　本研究では，ソニー製品であるベータマックスの事例を通じて，インタンジブルズの負の側面に対応する方法を探求した。ベータマックスはVHS陣営と比較して，コストを犠牲にしてでも高品質を追求した。高品質な製品を作るための技術と組織文化といったインタンジブルズが，ベータマックスの戦略を支えた。しかし，レンタルビデオ市場の普及という市場環境の変化により，レンタルビデオが豊富なVHSと比較してベータマックスの市場占有率は縮小した。その結果，ベータマックスの差別化戦略を支援するインタンジブルズが負の側面となった。このような負の側面に対応するために，スラック資源としての糊代を残すという提案を行った。具体的には，環境適応できるような戦略テーマを複数用意する，外部環境を取り入れた迅速な戦略策定をする，インターラクティブな内部環境を構築して創発戦略を生み出すという3つを提案した。

終章　インタンジブルズのマネジメントに向けて

5　企業価値創造のためのインタンジブルズ・マネジメント

　本研究全体をまとめると図表終.2のようになる。図表終.2に基づいて，本研究の成果を明らかにする。

　まず，本研究の目的は，企業価値創造（価値創造と価値毀損の抑制）のために，いかにインタンジブルズをマネジメントすべきかを明らかにすることであった。研究の結果，BSCを用いた統合型マネジメント・システムに従ってインタンジブルズをマネジメントすることが有効であることがわかった。それとともに，BSCを用いた統合型マネジメント・システムだけでは不十分な点も明らかになった。統合型マネジメント・システムにより戦略に方向づけられてインタンジブルズを構築した結果，環境変化に対応できなくなるという戦略のパラドックスという問題が生じる。したがって，統合型マネジ

図表終.2　本研究のまとめ

出典：筆者作成。

199

メント・システムによりインタンジブルズをマネジメントするのと同時に戦略のパラドックスへの対応が必要である。

価値創造ためのインタンジブルズは，統合型マネジメント・システムのフレームワークの中でBSCの活用を通じて，マネジメントが行えることがわかった。ここで重要な点は，インタンジブルズのマネジメントを行う際は，戦略と業務が統合されていなければならないということである。すなわち，マネジメント・システムの中で事業戦略の策定，業務計画への落とし込み，モニタリングと修正が統合されていることが重要である。

価値毀損の抑制については，リスクマネジメントを組み込んだBSCを活用することで，レピュテーションの毀損を抑制する。リスクマネジメントを組み込んだBSCは，業績評価指標による管理，戦略目標による管理，そして，リスクマネジメントに関わる戦略テーマを構築するという提案がなされていた。このことから，価値毀損に関するインタンジブルズの負の側面についても，BSCを用いた統合型マネジメント・システムによる管理が可能であることが示唆された。

一方，戦略のパラドックスとしてのインタンジブルズの負の側面へ対応するには，戦略自体に柔軟性を持たせる必要があることを明らかにした。策定した戦略を実行するために特定のインタンジブルズに資源を投入するのではなく，スラック資源としての糊代を残した投資を行うという考えである。戦略のパラドックスに対応するためのいくつかの方策を提案した。第1に，複数の戦略テーマを策定し，環境変化のシナリオに合わせて適用する方法である。第2に，予測していない環境変化が生じた場合は変化に合わせた迅速な戦略策定を行うことである。第3は，現場とマネジャー層が，インターラクティブな対話を行い，戦略の不確実性に対応するシステムを組織内に構築することである。

終章　インタンジブルズのマネジメントに向けて

まとめ

　本研究は，インタンジブルズ研究の対象として戦略の策定と実行に焦点を
合わせて企業価値の創造を研究した。戦略の策定と実行は，BSC を用いた
統合型マネジメント・システムを通じて実行可能である。また，価値創造と
価値毀損の抑制を合わせた企業価値創造の側面は BSC を用いた統合型マネ
ジメント・システムが有効である。ところが，戦略のパラドックスについて
は，統合型マネジメント・システムは機能しない。むしろ戦略に柔軟性を持
たせるべきであるという提案を行った。

　研究目的達成のために，本研究の序章，第1章，第3章，第6章では，文
献研究を通じて，インタンジブルズ研究のフレームワーク，変遷，戦略との
関係，インタンジブルズの負の側面などについて論じた。インタンジブルズ
研究の変遷では，インタンジブルズのマネジメントを組織の実践の中で調査
する第3ステージの研究アプローチが現在の潮流となっていた。

　第3ステージの研究アプローチに従って，第2章，第4章，第5章では，
海老名総合病院をリサーチサイトとして研究を行った。具体的には，参与観
察，アンケート調査，インタビュー調査に基づいてインタンジブルズのマネ
ジメントの実践を明らかにした。BSC を通じて戦略の策定と実行を行って
いる海老名総合病院をリサーチサイトとすることで，インタンジブルズのマ
ネジメントに対する理論と実務の融合を図ることもできた。

索　引

3つの基本戦略　86

4つの視点　108

5P　81

5つの競争要因　85

BSC　8
 ——の活用　9，15
 ——の変遷　10
 ——レビュー　58，155

CSR　3

ESの向上　126

IAS第38号　6

intellectual liabilities　173

IT化　29

LCC　10

MERITUMガイドライン　41

MVV　135

PDCAサイクル　16

QCD　29

ROA法　104

ROI　49

VRIO　33，91

【あ行】

アウトカム指標　115

アクションプラン　12

アクションプログラム　117，150

アネルギー　108

アラインメント　61

育成基準チェックリスト　131

意図した戦略　95

因果関係　12

インターラクティブコントロール・システ
　ム　148
 ——の特徴　148

インタンジブルズ　33
 ——研究の対象　30，45，194
 ——研究の内容　194
 ——研究の変遷　30
 ——の性質　32
 ——の測定手法　104
 ——の負の側面　173，175
 ——の分類　6，31
 ——のマネジメント手法　172
 ——への投資割合　1

インタンジブルズ・モニター　39

海老名総合病院　57，123，151

203

エンプロイー・カスタマー・プロフィッ
　ト・チェーン　147
オータムレビュー　155
オフバランスの無形資産　6, 31
オンバランス　2

【か行】

会計学　2, 32
学習と成長の視点　12
カスケード　114
価値観変革　121
価値毀損の抑制　103, 169
関係資本　38
管理会計　7
　　──におけるインタンジブルズの捉え方
　　7
器械出し　73, 125
企業価値　3, 191
企業文化　99
希少性　33
規制緩和　29
急性期病院　58
業務活動のマネジメント　153
業務計画関連図　58, 137, 153
業務計画への落とし込み　15, 114
共有価値　3
クリニカルラダー　118
グレイ・シラキュース社　115, 158
グローバル化　29
経営資源　92
経済価値　3, 33

ケイパビリティ　89
ゲーム論的アプローチ　92
コア・コンピタンス　88
構造資本　37
行動レベルの変革　74, 121
コーポレート・レピュテーション　106
顧客の視点　12
コスト・リーダーシップ　86
コントロール・レバー　60
コンピテンシー・プロファイル　117

【さ行】

財務会計　5, 174
財務の視点　12
サウスウエスト航空　10
差別化　86
事業戦略の策定　15
思考レベルの変革　74, 121
市場評価法　104
シックスシグマ　114
シナジー　97
集中化　86
重点事業項目　152
習得術式表　133
重要業績指標　60
手術室キット　129
循環型マネジメント・システム　13
シングル・ループの学習　149
診断的コントロール・システム　148
　　──の特徴　148
人的資本　37, 100

204

索　引

スカンディア社の市場価値モデル　37

スケジュールパス　131

スコアカード　12

　　——法　104

スプリングレビュー　155

製造業中心の社会　1

成長ベクトル　83

先進的（advanced）研究　38

戦略

　　——の可視化　12，14

　　——のパラドックス　180

　　——のマネジメント　153

戦略が形成（formation）　95

戦略研究のフレームワーク　80

戦略検討会議　154

戦略策定

　　——アプローチ　102，172

　　——型のインタンジブルズのマネジメン

　　　ト　102

戦略実行

　　——アプローチ　172

　　——のアラインメント　145

戦略修正　146

戦略テーマ　179

戦略的

　　——管理会計　30

　　——事業単位　84

　　——ジョブファミリー　117

　　——多角化　184

戦略マップ　10

戦略目標

　　——アプローチ　172

　　——間のアラインメント　145

創発戦略　95

組織　33

組織構造　99

組織資本　100

組織変革　74，121

外回り　73，125

【た行】

多角化戦略　82

ダッシュボード　114

ダブル・ループの学習　149

単一価値観　191

短期志向　163

チーム医療　137

知識産業　36

知識資産　31

知識中心の社会　1

知的財産　6，31

知的資本　31，33

超過収益力の源泉　2

直接算定法　104

伝統的（pioneering）研究　38

デンマーク知的資本報告書ガイドライン

　　41

統合型マネジメント・システム　13

統合報告　49

どのようなツールを用いてカスケードを行

　うのか　114

ドレファスモデル　118

205

【な行】

内部ビジネスプロセスの視点　12

ノウハウ資本　36

糊代　102，186

【は行】

バランスト・スコアカード　8

バリューチェーン　100

バリュー・ドライバー　8

非関連多角化　184

ビジネスプロセス　89

フィールドスタディ　20

ブース　127

付加価値知的資本（VAIC）分析　43

複数価値観　191

負債　174

部門 BSC　58，123

ブランド　99

プロセス指標　115

プロダクトポートフォリオマネジメント
　84

ベットコントロール　138，152

方針管理　114

ポジショニング戦略　85

【ま行】

マネジメントシート　137

見えざる貸借対照表　36

無形資産　6，31

名声（評判）　98

目標管理　114

モニタリングと修正　15，144

模倣困難性　33

【ら行】

リスクマネジメント用の BSC　178

リソース・ベースト・ビュー　32，91

レジリエンス　185

レディネス評価　117

レピュテーションの毀損　173

梅田　宙（うめだ　ひろし）

1989 年　神奈川県生まれ。
2012 年 3 月　専修大学商学部卒業。
2014 年 3 月　専修大学大学院商学研究科修士課程修了。
2017 年 3 月　専修大学大学院商学研究科博士後期課程を経て博士（商学）
　　　　　　　を取得。
現在　専修大学商学部助教。
主な学術論文：
「戦略のカスケードによるインタンジブルズの構築」『原価計算研究』2017，
Vol.41，No.1，pp.116-128。
「インタンジブルズの負の側面の影響と管理」『知的資産経営学会』2016，
Vol.2，pp.110-122。
「インタンジブルズに関わる研究課題とその方向性」『原価計算研究』2015，
Vol.39，No.2，pp.117-128。

企業価値創造のためのインタンジブルズ・マネジメント

2018 年 2 月 28 日　第 1 版第 1 刷

著　者　梅田　宙
発行者　笹岡五郎
発行所　専修大学出版局
　　　　〒101-0051　東京都千代田区神田神保町 3-10-3
　　　　　　　　　　　　　（株）専大センチュリー内
　　　　電話 03-3263-4230（代）
印刷
製本　　株式会社加藤文明社

ⓒ Hiroshi Umeda 2018　Printed in Japan
ISBN978-4-88125-325-0